EL ENTRENADOR
MENTAL

«Descubre al campeón que hay en ti»

EL ENTRENADOR
MENTAL

«Descubre al campeón que hay en ti»

JUAN CARLOS ÁLVAREZ CAMPILLO

PSICÓLOGO EXPERTO EN LIDERAZGO Y COACHING

DESARROLLO PERSONAL • EDITORIAL ARCOPRESS
Directora editorial: Isabel Blasco
Diseño, maquetación y documentación gráfica:
Fernando de Miguel Fueyo

Imprime: GRÁFICAS LA PAZ
ISBN: 978–84–16002–84–9
Depósito Legal: CO-1076-2017
Hecho e impreso en España – *Made and printed in Spain*

«A todos los seres queridos
y a los que me han dado alguna luz
desde el corazón»

Agradecimientos

*A **Inés Valls**, mi pareja, por su espléndido apoyo durante todo el proceso desde que se gestó el libro y por su ayuda con correcciones e ideas.*

*A **Carolina Marín**, campeona olímpica, mundial y europea de bádminton, y a **Julen Lopetegui**, seleccionador nacional de fútbol, por confiar en mi trabajo, decirlo públicamente y permitirme utilizar algunos ejemplos. Ellos mismos son un gran ejemplo y referencia, dentro y fuera del deporte.*

*A **Fernando Rivas**, entrenador de Carolina Marín, por pensar en mí para la preparación mental de los Juegos Olímpicos de Río 2016 con el equipo de bádminton, y por participar como uno más en el entrenamiento mental. Su visión, superación continua e innovación marcan las diferencias.*

*A **Ángela Pumariega**, campeona olímpica de vela por sus valores, humildad y tesón ante las dificultades. Recuerdo y valoro con cariño cuando asistió a una de mis conferencias en una tarde de lluvia torrencial después de un largo viaje al acabar una regata. Sin haberlo pactado le pasé el micrófono para que compartiera sus experiencias y lo hizo con toda naturalidad.*

*A **Eusebio Sacristán**, porque gran parte del trabajo que hemos realizado durante estos años en su trayectoria como entrenador en el Celta de Vigo, Barcelona «B» y Real Sociedad, me ha servido de inspiración en muchas partes del libro.*

*Al jugador de fútbol **Miguel Pérez Cuesta, Michu**, porque fue la primera persona que dijo públicamente en varias entrevistas que el proceso de coaching que hicimos le había sido muy útil. Además tiene mérito doble porque en ese momento estaba en la cumbre de su carrera siendo el máximo goleador de la liga inglesa. Todo un ejemplo de valores, nobleza y sacrificio. Deportistas como él son una gran referencia y siempre le estaré muy agradecido.*

Y finalmente, agradecer a Isabel Blasco, mi editora, por ponerse en contacto conmigo y ofrecerme la oportunidad de compartir mi conocimiento y experiencia para que pueda ser de utilidad a los demás.

A todos ellos y a muchas más personas que para mencionarlas, requerirían un espacio mayor, ¡muchísimas gracias!

Contenido

PREFACIO

Estimado lector:

Este libro que tienes en tus manos viene avalado por un sinfín de experiencias y aprendizajes. Todas y cada una las he ido recogiendo a lo largo de mi carrera como psicólogo y coach «entregado» a que los demás den lo mejor que tienen. En este camino me he encontrado con personas de todo tipo de perfiles: deportistas de élite y jóvenes al comienzo de su carrera; profesionales de los más diversos ámbitos que han llegado hasta mí en un intento de mejorar su comportamiento y su vida tanto en la esfera laboral, personal o deportiva.

Mi propósito no es otro que compartir todas estas vivencias desde la perspectiva y las dinámicas de un experto en desarrollo y aprendizaje. Y no sólo estoy hablando de alguien que tenga en mente ganar una medalla olímpica o meter un gol en una final de la Champions League. No. Me refiero a todas aquellas personas que quieran ganar su «medalla de la vida» y necesitan algunas claves o ese empujón preciso para alcanzar sus sueños.

Me gustaría acercar este libro a todas las personas que lleven en su interior el «testigo» de la superación personal. Y quisiera hacerlo desde la más absoluta cercanía y con la máxima humildad porque, sin resultar prepotente, estoy seguro de que estas páginas le pueden servir tanto a Carolina Marín para ganar una olimpiada como a alguien que desee mejorar algún aspecto de su vida personal o profesional. Pongo el listón alto, lo sé, pero estoy convencido de que este libro ofrece al lector herramientas y propuestas muy prácticas para conocer y aprovechar todo el potencial que lleva dentro y así conseguir lo que se proponga.

Y hablando de humildad, quisiera hacer una reflexión sobre la misma. Hace muchos años aprendí una gran lección que quiero compartir con el lector. En esa etapa de mi vida, vivía en Londres y tuve la oportunidad de entrevistar a Severo Ochoa. Nada más y nada menos que a un Premio Nobel de Medicina. Me «regaló» una frase crucial para mí. Confieso que en aquel momento no la entendí, tuve que volver a preguntarle para que me explicara bien su significado. Me gustaría que pensarais en ella unos segundos. Me dijo: «El hombre como el árbol, cuanto más fruto tiene, más se inclina».

Ante mi incomprensión, le volví a preguntar y él me explicó: «Vamos a ver… es fácil de entender, las ramas de un manzano cargado de fruta pesan más y se inclinan porque están más cerca de la tierra; pues con el hombre pasa lo mismo, cuanto más cargado de fruto está, más tiene en su cerebro, más se inclina y por tanto más cerca está de la tierra, de las demás personas y de todo…».

Impresionante reflexión vital, ¿verdad?

• • •

El coaching se ha popularizado muchísimo en los últimos años. Cada día son más quienes lo utilizan como herramienta del cambio, aunque bien es cierto que no siempre está al alcance de todos; sin embargo, sí existen una serie de prácticas, ideas y conceptos transformadores que son los que quiero destacar y dar a conocer en las páginas de este libro. Y desde ese descubrimiento, provocar que la persona tenga unas bases para buscar preguntas que le hagan reflexionar, replantearse y encontrar algunas respuestas, las más poderosas, que le inviten a pasar a la acción.

Este es un libro abierto, lleno de experiencias, en el que pretendo establecer un diálogo de tú a tú; un libro sin límite de edad, sin límite de descubrimientos, que espero provoque un mayor conocimiento de uno mismo, un plus de energía, un compromiso de querer cambiar y hacer las cosas mejor.

Debemos entender que un proceso de desarrollo y coaching nos da diversos prismas de una misma realidad. Muchas personas que se dedican a esta actividad conocen toda la teoría, pero ¿qué hay de la práctica? Es fundamental comprender muchos de los entresijos de un proceso de cambio y mejora que sólo se pueden llegar a conocer gracias a una experiencia dilatada y contrastada. La formación es fundamental pero no lo es todo; más bien, al contrario, puede resultar un hándicap y llegar a ser hasta perjudicial, pues muchas veces, cuanto más te formas, cuanto más crees que sabes, más confuso y alejado estás de la realidad si no lo practicas a fondo, principalmente contigo mismo. Un coach sin la suficiente experiencia puede perder de vista otros aspectos, otros pensamientos y, sobre todo, otras formas mucho mejores de llevar a cabo un proceso de coaching. La experiencia me ha enseñado a ir a lo esencial de las cosas, no perdiéndome en lo trivial. Y puedo asegurar que esa es la esencia que se puede aplicar en el día a día y en cada poro de nuestra vida.

No debemos olvidar en todo este proceso a la mente, nuestra mirada inteligente. La mente crea, confunde, juega… En ella se encuentra el manejo de los pensamientos, de las emociones, de las realidades. La mente interviene en cada uno de tus éxitos: deportivos, profesionales, personales… Y esa creencia instalada a fuego en tu mente es la que te va a permitir crear y confiar. Por aquí está una de las claves. No la olvides. Apúntatela.

Creer es crear… y confiar.

Por eso el entrenamiento mental es fundamental para convertirnos en esa persona, deportista o profesional, que nos gustaría llegar a ser. Veremos cómo aquello que generemos en la mente nos puede llevar mucho más allá de nuestras condiciones iniciales.

Estoy convencido de que las personas que se acerquen y lean este libro con atención podrán activar muchos parámetros de su mente que les ayuden a mejorar diferentes aspectos de su vida, los vitales, los profesionales, los sociales… Tal vez no les valga todo en un primer momento, tal vez sólo necesiten algunas partes concretas; pero la mayoría de lo que aquí se tratará, estoy seguro de que tendrá un reflejo de su existencia. Y es ahí donde van a encontrar pautas de cómo conectar y llevarlo a la situación personal de cada uno.

Arranquemos pues. Salgamos al encuentro de nosotros mismos en su máxima expresión. Gocemos de la experiencia. Creamos para crear. Y disfrutemos, pues así se aprende y se da lo mejor.

CAPÍTULO 1

TODO TIENE UNA CONEXIÓN

«Quiero ayudar a los demás a que realicen su trabajo
de forma excelente y den lo mejor que tienen.
Lograr que saquen su mejor versión».

Estar aquí, en este momento, escribiendo estas líneas, tiene que ver con dos conceptos que vamos a tratar en numerosas ocasiones a lo largo de estas páginas. Uno es la visión y otro el propósito de vida. Son dos ideas que tendríamos que fijar en nuestra mente para ponerlas en práctica posteriormente. No te preocupes, lo haremos juntos y de forma indisoluble.

Antes de entrar en «harina» y para aquellas personas que abran estas páginas sin conocerme y sin saber nada de mí, me gustaría presentarme. Mi nombre es Juan Carlos Álvarez Campillo. Aunque tampoco creo que el nombre sea lo importante sino lo que hay detrás. Nací en el seno de una familia que me enseñó unas bases fundamentales que han «inspirado» toda mi vida. De mi hermano mayor aprendí su emprendimiento y su capacidad para lanzarse a lo nuevo. Y del resto de familia dos aspectos que se han quedado grabados en mí para siempre: los valores que me inculcaron mis padres, basados en la integridad y el esfuerzo, y las conversaciones con mi abuela cuando iba de vacaciones a su casa, en un pequeño pueblo asturiano de los Picos de Europa. Mi abuela me preguntaba con sumo interés por mi vida, mis estudios, mis amigos en Oviedo… Me escuchaba siempre con atención, lo que me hacía pensar, y sobre todo sentir, que era la persona que más sabía de mi vida. Recuerdo que cuando en casa se oía alguna crítica de alguien, ella siempre decía que había que conocer la opinión de la otra persona antes de hacerse una idea o un juicio de lo que había pasado. Todos esos valores de mi familia, que me rodearon desde pequeño, han estado conmigo desde entonces.

EL RUGBY: EN EL CAMPO COMO EN LA VIDA

Estudié psicología en la Universidad de Oviedo, aunque no me centré sólo en la carrera, siempre intenté compaginar mis estudios con la práctica de alguna actividad complementaria. Trabajé en muchos lugares, fui desde pinchadiscos (era la época de los discos de vinilo) hasta camarero en un negocio de verano que tenía mi hermano. Aparte de trabajar, el deporte siempre ha formado parte de mi ocio y de mi formación, aunque como aficionado porque mis pretensiones o, tal vez, mis capacidades no me llevaron a rendir al más alto nivel. Creo haber practicado de todo: fútbol, balonmano, voleibol, tenis, baloncesto… incluso fui, durante más de diez años, entrenador de básquet en varios clubes como el Juventud y los colegios Teresianas y Nazaret. Pero, sin duda, desde que vi por primera vez por televisión el torneo Cinco Naciones —hoy es el Seis Naciones—, el deporte que más me ha atraído desde siempre y el que me ha marcado ha sido el rugby. Esa mezcla de personas de todo oficio y condición, desde fontaneros, abogados, médicos, jardineros… cada uno con una profesión y una vida totalmente distinta, pero todos jugando juntos por un solo objetivo. Fue esa filosofía la que me sedujo y me cautivó por completo. Para practicar rugby, al menos en aquel entonces, debías pagar incluso tus propias camisetas y los viajes. Es una especie de metáfora: «Jugar tiene un precio», y si quieres iniciarte en el mismo debes empezar rascándote el bolsillo. En el fútbol, al mismo nivel de competición, te costean la equipación, los desplazamientos... por no hablar del largo etcétera de «prebendas» que obtienes. Y eso puede tener su influencia.

El rugby, siendo un deporte más duro e incluso más incómodo, tenía para mí algo distinto que me motivaba: su espíritu y esos valores que siempre he considerado tan importantes para el desarrollo y el crecimiento de una personalidad. El primero, y diría que el principal, es el equipo, sin los demás no eres nadie; también el respeto al árbitro —pues se equivoca como todos—; y por supuesto al rival. Este respeto es tan grande en el rugby que al acabar el partido los dos equipos forman una fila para aplaudirse y después se celebra el *tercer tiempo*. El primer y segundo tiempo se llevan a cabo en el campo de juego; pero el tercer tiempo es después del partido, en el bar, con el otro equipo, y se unen amigos, familia, parejas... Todos juntos disfrutando en torno al rugby. Una romería de valores y relaciones. Eso te marca.

TOMÁNDOME UN VINO CON FIDEL CASTRO

Cuando terminé la carrera decidí irme a Londres porque quería conocer otra cultura a fondo, además de hacer una inmersión total en el idioma. En mi particular aventura londinense trabajé dando clases de español hasta que surgió la interesante oportunidad de escribir en un periódico que aproveché y exprimí al máximo. Así es como empecé a hacer mis pinitos dentro del periodismo. Escribía para varios medios hasta que entré a formar parte de un diario de españoles residentes en el extranjero. Pertenecía a un grupo editorial gallego y era el periódico de mayor difusión fuera de nuestras fronteras. Se llamaba La Región Internacional. Trabajé bastante, y no debí hacerlo demasiado mal porque incluso me ofrecieron irme a Galicia para ejercer en plantilla desde la redacción... pero desestimé la oferta. Pensé que el periodismo estaba bien pero que esa no era mi auténtica vocación.

De aquella etapa de corresponsal tengo mil anécdotas que contar, como cuando me enviaron a cubrir un viaje por varios países de Latinoamérica y terminé tomándome un vino con Fidel Castro. Sí, sí… con el mismísimo comandante. Recuerdo que me dio la sensación de ser una persona irreal, como si fuera un actor, alguien disfrazado de sí mismo; detrás de esa barba y esa gorra tan características, parecía que se escondía alguien virtual, no de carne y hueso... Tan corpulento, tan grande y con aquella forma de expresarse. Lo dicho: no parecía real.

En otro acto conocí a una periodista de la BBC que me dijo que necesitaban a un colaborador que «pateara» la calle haciendo labores de investigación y contacto con la gente para un programa que se emitía desde los estudios del servicio mundial de la BBC en Londres para la Cadena Ser en España y para Radio Gibraltar; el programa se llamaba *Meridiano de Londres*. La entrevista de selección fue bastante surrealista, complicada, con preguntas difíciles y temas diversos. Yo pensaba que aquello era poco serio pues estábamos en antena grabando el programa y era muy improvisado. Sin embargo, lo que en principio parecía una encerrona en toda regla, salió perfecto. Les gusté y desde aquel momento empecé a colaborar con ellos. Ahí aprendí lo importante que es tener el don de la improvisación y cierta imaginación. De aquella experiencia, recuerdo algunos programas muy interesantes, en uno de ellos tuve que recorrer los principales mercadillos de Londres, entrevistar a los que tenían sus puestos y a los visitantes, para dar una idea de lo genuino que había allí y las diferencias con otros mercados. O mi asistencia a las conferencias del Instituto Cervantes donde, varias veces al mes, acudían destacadas personas del mundo de la ciencia y la cultura que tuve la suerte y la oportunidad de entrevistar.

También estuve dando clases a alumnos de turismo y administración de hoteles en Waltham Forest College y a ejecutivos de aseguramiento que sobre todo trataban con temas de barcos en Latinoamérica. Esta empresa se llamaba Lloyd´s of London.

Menciono todas estas cosas, aparentemente separadas, porque luego tienen una conexión con mi futuro y mi presente actual.

AL ENCUENTRO
CON MI VOCACIÓN

Por aquel entonces me preguntaban sobre cuál era mi verdadera vocación y a qué deseaba dedicarme, profesionalmente hablando: ¿el periodismo?, ¿la enseñanza?, ¿la psicología?... Yo lo tenía claro, de hecho, aún conservo una entrevista que me hicieron para el periódico donde trabajaba en la que manifestaba: «Quiero ayudar a los demás a que realicen su trabajo de forma excelente y den lo mejor que tienen. Lograr que saquen su mejor versión». En aquel momento, y sin saberlo, estaba conectando con mi auténtica vocación y con mi propósito en la vida. Steve Jobs decía: «Todos los puntos en la vida se terminan conectando de alguna manera y tienes que dedicarte a lo que más te apasione». Lo creo firmemente. Cuando te mueves por pasión añades siempre un plus a todo lo que te rodea.

Pero, como sabemos, en la vida los caminos no suelen ser rectos, así que tuve que dar alguna «vuelta de tuerca» hasta reencontrarme con mi verdadera pasión. Y hubo un momento de elección en el que me dije: «O me quedo en Londres o me vuelvo a España». Volví a Oviedo, desestimando la idea de trabajar en el periódico de Galicia, pues por ese camino no podría desarrollar mi objetivo de aplicar la psicología dentro del ámbito de la empresa. Me incorporé como director comercial a una pequeña empresa familiar de productos médicos, pues en mi último año de universidad había estado trabajando como visitador médico. Después pasé a una compañía de seguros como director de agencias. Ambas experiencias me permitieron comprobar cómo la motivación, el trato con las personas, crear buen clima y hacer equipo producen grandes resultados, aunque al inicio estos sean muy lentos. Pero también son más sostenibles. Tres años después, en base a varios indicadores de resultados, me propusieron como mejor director de la compañía a nivel nacional. Todo iba sobre ruedas, llevaba una carrera ascendente y bastante segura, sin embargo, en ese momento sentí que había llegado el momento de hacer otro cambio en mi vida. Y me fui de la empresa un mes antes de cobrar los incentivos que había logrado de todo el año.

En los cursos que imparto en la actualidad, cuando me preguntan por un secreto o fórmula para tener éxito, yo lo tengo claro: hacer las cosas con autenticidad, sentido, paz interior, valores y coherencia. Y por supuesto, vivir en línea con cada uno de ellos, no dejarlo en palabras o en teorías, entender y experimentar las múltiples contradicciones y equivocaciones que pueblan nuestra vida... Al actuar así, cada vez que tomas una decisión, rara vez te arrepientes; puedes no acertar pero te quedas con la conciencia tranquila porque lo has hecho con convicción y coherencia. Y lo más importante: estás impregnando a tu subconsciente de ese comportamiento, provocando, sin darte cuenta, que el camino sea más fácil y llevadero.

Esta etapa de mi vida me dio muchas tablas. Aprendí a establecer relaciones de confianza con personas de muy diverso perfil, a saber escuchar, entenderlas y ganármelas. Desde ahí se pueden iniciar relaciones fructíferas de trabajo o de negocio. Ser camarero o comercial fue el mejor máster de mi carrera porque me enseñó a ver lo distintos que somos y las necesidades tan dispares que tenemos unas personas y otras. Encontrar el «ángulo» que distingue a cada individuo te da estrategias sobre cómo abordar las relaciones.

INVERTIR PARA
DESARROLLAR TUS SUEÑOS

Siguiendo mi línea de interés en el desarrollo de las personas, me matriculé en un Máster de Dirección de Recursos Humanos, para el que tuve que pedir un crédito bancario. Tuve que hacer una inversión inicial, fue una apuesta importante de tiempo y de dinero. Nada más terminar me contrataron en una importante multinacional norteamericana de auditoría y consultoría, Ernst & Young, teniendo que trasladarme a Madrid. ¿Casualidad? No lo creo. Fue causalidad porque fui yo quien lo provocó en todo momento.

Mi trabajo como director de Recursos Humanos consistía, principalmente, en implementar temas de desarrollo y de estrategia, relacionados con la selección de personal y la carrera profesional. La empresa en aquel momento incorporaba más de cien personas al año en todas las áreas: auditoría, *corporate finance*, mejora de procesos, seguridad informática, asesoramiento empresarial, etc. Entre los miles de currículos que pasaban por mis manos yo me fijaba más en la actitud y en los valores del aspirante que en el conocimiento técnico. Por ejemplo, una competencia importante era el trabajo en equipo o la capacidad de relación. Por ese motivo, a los solicitantes al puesto de trabajo les pedía que describieran situaciones del pasado donde hubieran demostrado sus auténticos valores relacionados con esas competencias. Así sabría perfectamente si me estaban diciendo la verdad o, por el contrario, fabulaban. Se les notaba en seguida. Muchas personas piensan que es algo complicado de ver pero resulta bastante fácil, sobre todo si uno mismo lo ha desarrollado y tiene experiencia. Y yo había entrevistado anteriormente a muchísimas personas basándome en la exploración de competencias, habilidades y valores. Cuando alguien se lo inventa se ve a la legua; además de los gestos y de la expresión corporal, sus respuestas son más lentas, aunque sólo sea medio segundo. Lo mismo ocurre cuando un deportista no está concentrado; no conecta consigo mismo y no puede transmitir fuerza. No podrá dar lo mejor que tiene, y se nota.

NO SIEMPRE VALE SER
EL NÚMERO UNO

Recuerdo a una estudiante de ICADE, que había sido número uno de la promoción en la doble licenciatura de Empresa y Derecho. Sin embargo, no la seleccioné porque no considero que ese hecho sea determinante a la hora de triunfar. ¿Por qué no la elegí? Porque desde mi punto de vista le faltaban habilidades sociales y de relación. En eso se basa la inteligencia emocional. Le pregunté sobre sus hobbies y, sorprendentemente, me respondió que no tenía ninguno porque sólo se dedicaba a estudiar. Estudiaba todos los días y a todas horas para ser la número uno.

Nos preparan para acumular datos, pero no para el liderazgo, lo que implica gestionar emociones y relaciones.

Aquella chica tenía claro que lo único que debía hacer era estudiar y estudiar.... pero no sólo de estudiar vive alguien que quiere alcanzar su máximo nivel, tener liderazgo e influencia en los demás. Es preciso desarrollar otro tipo de competencias y habilidades. Por ejemplo, no puedes trabajar en equipo sin tener cierta mano izquierda, adaptación a situaciones, gestionar los conflictos, ser asertivo cuando es preciso... Alguien que sólo se centra en estudiar o focaliza todas sus energías en las tareas es muy posible que incurra en el error de creerse en posesión de la verdad y peque de «ombliguismo», de imaginar tener siempre la razón.

En aquella misma tanda de entrevistas, la mejor candidata fue una joven sueca que había estado en España con una beca Erasmus y trabajaba en un McDonald's. En un lugar así te espabilas sobremanera, y no en casa bajo el ala protectora de tus padres. Cuando le pregunté los motivos por los que trabajaba en una hamburguesería me respondió que porque quería ganar dinero para no pedírselo todo a sus padres, pero no porque tuviese dificultades económicas sino porque mientras servía, además, trabajaba en equipo, se relacionaba con los compañeros y que todo aquello le reportaba habilidades que sabía que podría llevar a la práctica en un futuro trabajo. Estaba invirtiendo en sí misma, al tiempo que era consciente de que todo aquel bagaje emocional y experiencial no lo aprendería en un aula, estudiando Administración de Empresas ni en un máster. Fue la candidata más brillante que he entrevistado en mi vida.

Está muy claro: si has desarrollado «habilidades de mano izquierda», tolerancia, relación, disciplina, gestión de conflictos o negociación y sabes empatizar con tu entorno, no importa dónde trabajes. Esa mochila de experiencias marcará la diferencia con el resto de las personas que te rodean. Y tienes todas las posibilidades para salir mejor parado que el resto.

Las habilidades se desarrollan y, muchas veces, son las que marcan la diferencia entre tener o no tener éxito en la vida.

Me viene a la memoria otra chica americana que conocí en un salón de té en Cambridge. Cuando vio que mi grupo y yo éramos extranjeros, nos preguntó si estábamos estudiando allí. Simple y llanamente, quería conocer gente nueva, posibles amigos, nuevas conversaciones, nuevos escenarios. Estaba trabajando de camarera sin necesitar el dinero, sólo por sociabilidad pura y dura. De hecho, estaba estudiando un máster en ingeniería espacial, muy complejo y costoso, relacionado con un proyecto de la NASA. Sólo quería relacionarse con personas nuevas y fuera de su entorno, de su zona cómoda. A eso se le llama inteligencia emocional. Daniel Goleman, autor del *best seller La inteligencia emocional*, explicó, en base a sus investigaciones que lo que determina el éxito de una persona no es el cociente intelectual sino el desarrollo emocional. Es decir, cómo gestionas tus emociones y te relacionas con los demás.

Con todas esas vivencias y aprendizajes en mi mochila vital, por mi cargo como director de Recursos Humanos en Ernst & Young, me invitaron a dar conferencias en diversas universidades, así como en importantes escuelas de negocios. Mi objetivo principal pasaba por orientar profesionalmente a los estudiantes para que se enfocaran en sus expectativas laborales. Cuando daba charlas de orientación les repetía que trabajaran en lugares donde pudieran desarrollar todas sus habilidades, la inteligencia emocional, y donde aprendieran a aguantar y a practicar la resiliencia, el esfuerzo y otras competencias que luego iban a tener que desarrollar cuando trabajasen en un banco, en un despacho de abogados o en cualquier otro lugar. Muchos no lo entendían, y supongo que ahora de mayores algunos seguirán sin entenderlo. En cambio, otros se habrán dado cuenta de que en la empresa, como en la vida, si no tienes esos recursos estás muy limitado y alejado de sacar lo mejor que tienes.

DECISIONES QUE CAMBIAN EL RUMBO DE TU VIDA

Estuve en la empresa multinacional que he mencionado algo más de tres años y allí comprobé, al igual que en los trabajos anteriores, que apostar por las personas siempre sale rentable y da resultados sostenibles; no siempre ocurre así a corto plazo. Pero apostando por las personas, tratándolas bien y creando equipo, se logran siempre mayores resultados a la larga. Sé que es un mal eslogan para los que buscan lo inmediato, y esas prisas además implican mal ambiente, gente deprimida y poco motivada. Menos resultados y poco sostenibles.

Me fui de allí por algo muy común en estas empresas. Cambió el director general y al director de *marketing* y a mí se nos invitó a abandonar la empresa. Fue la estrategia más antigua del mundo: el nuevo director general quería rodearse de su propia gente. Al poco tiempo comprobé que era real el refrán que dice que «cuando una puerta se cierra, muchas otras se abren», porque aquella decisión fue trascendental en mi vida.

Como casi todo el mundo que se queda en paro, mi primera reacción fue la de salir a buscar un trabajo lo más rápido posible. Debo reconocer que pesaba en mí el «qué dirán», pero me paré a reflexionar y me dije que no debía hacer lo que los demás esperaban que hiciese sino lo que yo quería. No buscaría un trabajo de urgencia por los rumores o la aprobación ajena. Estaba en el momento justo en el que tenía que pensar hacia dónde quería encaminar mi vida. Aunque tuve varias ofertas de empleo, alguna de la competencia por ejemplo, fui fiel a mí mismo y no las acepté. No era el momento de ir en automático; no se trataba de apresurarme y equivocarme... NO.

En ese momento me posicioné con más fuerza en mi propósito y en mi visión de futuro. Resultó una verdadera revelación en la que tuve claro qué cosas podía aportar en mi vida, a los demás y a mí mismo, y cómo me gustaría verme con el paso del tiempo.

Había cubierto alguna etapa en la que decidí confiar y apostar por las personas, por su desarrollo y capacidades. Y así, volvió a mí el deseo de hacer algo aún más estrechamente relacionado con las personas y su evolución.

CAPÍTULO 2

Y EL COACHING ENTRÓ EN MI VIDA

«Muchas personas buscan fórmulas mágicas y yo sólo conozco una:
la autenticidad en hacer lo que te propones con esfuerzo y visión.
Esa es la clave del coaching y el desarrollo».

En Ernst & Young me llamó la atención una nueva corriente americana muy poco conocida en nuestro país llamada coaching. Corría el año 2002 y el coaching en España estaba en sus inicios, apenas se conocía; se encontraba a años luz del *boom* que existe hoy. Por este motivo me costó mucho encontrar un proyecto de coaching auténtico. De los muchos que busqué sólo me convenció uno que se estaba desarrollando en España gracias a Carlos Marín, un psicólogo de origen costarricense formado en la Universidad de Michigan, que trabajaba en California con algunos de los principales gurús del coaching y el liderazgo a nivel mundial, como eran Marshall Goldsmith y Paul Hersey. Le considero una de las personas más influyentes en mi desarrollo inicial como coach y como profesional en el campo del liderazgo. Me gustaba el poco alarde que hacía de su gran conocimiento y experiencia, su humildad, lo profundo de su mensaje… Junto con él, las otras dos personas que han marcado profundamente mi trayectoria han sido el propio Marshall Goldsmith (doctor por la Universidad de California, Los Ángeles), una persona directa, conductual, enfocada a logros, alguien que notas que tiene poco tiempo que perder y mucho que aportar. Nos instruía tanto en las comidas como en su habitación de hotel después de sus conferencias para estar bien alineados. En una ocasión, en una comida en Londres, recuerdo que Marshall Goldsmith se atragantó y los demás no nos dimos cuenta, incluso pudo parecer que era una broma pues él es muy expresivo, pero Carlos Marín percibió la gravedad de la situación y al ver que se estaba ahogando le aplicó la técnica de compresión abdominal apretándole por detrás. Quién sabe si eso le salvó la vida. La otra persona clave en mi preparación como coach ha sido Richard Boyatzis, socio y colega de Daniel Goleman, con quien ha escrito varios libros tan relevantes como el *best seller* mundial *El líder resonante crea más,* y con quien tuve la oportunidad de formarme y compartir mesa y mantel en más de una ocasión en sus visitas a Esade en Madrid y Barcelona como profesor invitado. Richard es un reputado investigador de la Case Western Reserve University y doctor por la Universidad de Harvard y, junto a Goleman, ha marcado a nivel mundial algunas de las tendencias principales del cambio y la gestión de las emociones tanto en el liderazgo como para el desarrollo al máximo nivel. Estoy muy agradecido a estas tres personas pues me han inspirado en mi camino hacia la superación y la excelencia.

LIDERAZGO, INTELIGENCIA EMOCIONAL Y COACHING

La relación entre liderazgo, inteligencia emocional y coaching es incuestionable. El liderazgo es el «paraguas» que lo engloba todo: te indica cómo marcar el rumbo para dirigir tu vida y también guiar a los demás, define el mejor modo de establecer una estrategia, conectar con las personas e influir en ellas para que alcancen el máximo nivel de desarrollo hacia un objetivo común. Así se pueden conseguir tanto los objetivos individuales como colectivos. Pero para lograrlo hace falta, además de preparación, una elevada dosis de inteligencia emocional. Hay que saber gestionar las propias emociones y entender las ajenas para relacionarse bien. De lo contrario, una persona no sabrá cómo dar lo mejor que tiene ni conectar con los demás. Y el coaching es, por un lado, la herramienta a utilizar para poner esto en valor, y por otro, un proceso que permite crear el contexto y los tiempos adecuados para que todo suceda. Principalmente, a través de la escucha y de que cada persona encuentre sus propias respuestas.

Lo cierto es que he tenido la oportunidad de formarme con los grandes gurús de coaching del mundo. También con algún otro pero menciono sólo los que me han marcado de verdad. Realicé una apuesta contracorriente que me convirtió en pionero en esta disciplina, al dirigir, impulsar e impartir programas y sesiones con ejecutivos y deportistas, cuando se sabía muy poco del tema.

Con el conocimiento que traía Carlos Marín desde Estados Unidos y siguiendo la metodología de Marshall Goldsmith, se creó la primera escuela de coaching ejecutivo en España (The Institute of Coaching) a la que yo me incorporé cuando se iba a realizar justo el primer curso. Se basaba en el desarrollo del liderazgo a través del *Feedback 360º*, una herramienta fundamental para conocer cómo te perciben los demás y poder así identificar fortalezas y áreas de mejora. En aquella época en España, año 2002, la mayoría de empresas consideraban que los jefes no deberían ser evaluados por sus equipos, aunque fuera de forma confidencial y anónima, y era muy difícil que quisieran utilizar el *Feedback 360º*. Eran comienzos difíciles para desarrollar el coaching y liderazgo en España, como tantas cosas cuando son novedosas y se inician. Las empresas multinacionales sí estaban más abiertas pues lo utilizaban también en sus matrices, la mayoría en Norteamérica. Al año siguiente pasé a dirigir la escuela y formamos los primeros *coaches* ejecutivos. Eran tiempos muy complicados para el coaching pues la gente no sabía lo que era y nos costaba mucho convencer a las personas y directivos para que invirtieran su tiempo y su dinero en este campo. Sin embargo, recuerdo aquella etapa como un momento apasionante plagado de viajes, charlas, cursos de liderazgo y coaching, tanto en España como en Latinoamérica. Tuve la oportunidad de formar a muchos profesionales durante aquellos años como en Lima (Perú). Corría el año 2004.

Ahora siento que el coaching se está devaluando hasta tal punto que hay quienes lo estudian por correspondencia y se sienten preparados o expertos en pocos días.... pero ¡cuidado! El coaching no se puede aprender sin practicar y sin vivirlo en primera persona. Esa no es la esencia de esta disciplina. El coaching se centra en potenciar todos los valores y talentos que una persona tiene dentro de sí y lo que ella misma sabe aunque no tuviese la menor idea de que lo sabía. El coach debe hacerle ver que las respuestas están en su interior, que no llegarán desde fuera.

Con el tiempo he descubierto que los seres humanos tenemos una fuente inagotable de energía, un verdadero tesoro que cada cual debe excavar hasta encontrarlo para convertirlo en su fuerza motora. Y eso sólo puede ocurrir de forma vivencial y auténtica. No es posible conseguirlo copiando lo que otros hacen o con teorías si no se aplican de forma personal. Eso es también lo que veo en mis cursos. Muchas personas buscan formulas mágicas, y yo sólo conozco una: la autenticidad con esfuerzo en hacer lo que te propones. Esa es la clave del coaching y por eso hay tantas personas tan poco preparadas y hasta un poco perdidas.

El coaching no hace milagros, es el vehículo del que nos servimos para ayudar a la persona a que conecte con su marca personal, su esencia, la mejor versión de sí misma. Sólo cuando alguien es capaz de descubrirlo es consciente de su verdadera potencia. Es algo parecido a conectar con una fuente de energía inagotable, una batería sin límite de carga que nos ayuda a abordar todos los aspectos de la vida con plena confianza, sin miedos, sin titubeos, con rotundidad.

PSICOLOGÍA Y COACHING

La conjunción perfecta para mis propósitos profesionales llegó al ensamblar la psicología con el coaching. Haber estudiado la psique humana me dio la clave definitiva y crucial: al fin podía lograr que cada individuo sacase lo mejor de sí mismo, entendiéndole muy bien y apoyándole en su propia reserva interior y en sus particularidades. No era necesario poner parches externos ni recurrir a energías prestadas. En el interior de cada uno reside la verdadera fuerza esencial y ahí se encuentra el auténtico vehículo para articular la energía que nos permite pasar de la potencia al acto. Pero hay que entenderlo bien para no creer que todo vale para todos.

Llegados a este punto, y aunque sean disciplinas que se apoyen y complementen, hay que diferenciar de una forma muy clara: una cosa es la labor de un psicólogo y otra la del coach. Para empezar, señalemos que un psicólogo estudia una carrera en la universidad de cuatro o cinco años y un coach puede formarse en unas semanas o meses, aunque los *coaches* auténticos y responsables se forman durante más tiempo. Un coach no puede ejercer de psicoterapeuta. Primero porque no está preparado y segundo porque sus funciones son otras. No puede llegar a ciertos niveles ni debe hacer diagnósticos. Si en su trabajo se encuentra con personas que padecen desórdenes o patologías, bien sea estrés o ansiedad, hasta llegar a otras tipologías más enmascaradas o severas como depresión, debe derivarlas a un psicólogo. Es muy importante tener claro este matiz, porque un profesional no puede sustituir al otro.

El coach no diagnostica, no cura, no hace terapia,
no tiene una preparación para indagar en las patologías
de las personas y si lo hace hay que huir rápidamente de él.

Lo repito porque hay algunas personas que entran en campos que no manejan y no están formados, y terminan haciendo auténticas barbaridades. Lo he visto en varias ocasiones pues algunas personas han llegado a mí por ese motivo. A su vez el psicólogo debe formarse también en coaching para practicar y desarrollar técnicas menos dirigidas y más enfocadas en el cliente para que él pueda encontrar respuestas por sí mismo, que es la base del coaching.

El coaching es el «arte» de acompañar y apoyar
a otras personas para que aprendan a conectar
con su potencial y su talento, descubrir sus fortalezas
y oportunidades de mejora, de modo que puedan alcanzar
su máximo nivel de desarrollo y rendimiento.

Todo ello alineado con un propósito y una visión de lo más importante en su vida. El coach no guía a la persona ni le dice lo que tiene que hacer sino que le ayuda a que lo descubra por sí mismo. El psicólogo puede dar orientaciones porque tiene otra preparación, pero muchas veces no hace falta, lo importante es centrarse en la persona para que se encuentre y valore todo lo que tiene. El trabajo del coach no es dar orientaciones ni diagnósticos porque no está preparado para ello. Tanto el psicólogo como el coach, aun teniendo roles distintos, deben haberse trabajado mucho a nivel personal y haber aplicado todo ese conjunto de técnicas consigo mismos. Eso no se logra solamente haciendo un curso como muchos creen ni estudiando una carrera. Esto aplica tanto a *coaches* como a psicólogos: si no se han trabajado ellos mismos no estarán bien preparados. Durante las sesiones, el buen profesional de coaching, debe desplegar todas las habilidades aprendidas durante su formación: tener su mente limpia para una escucha activa, para empatizar, para no juzgar, para no imponer su criterio al otro... No se trata de adoctrinar, sino de extraer el «diamante» interior que tiene el otro. Como dice Sir John Whitmore, uno de los pioneros del coaching: «El coach no es un solucionador de problemas, un maestro, un consejero, un instructor, ni siquiera un experto, es un facilitador, un elevador de conciencia».

HABILIDADES CLAVES DE UN COACH. MIS APRENDIZAJES COMO COACH:

–Escuchar y no juzgar.
–Empatizar.
–Ampliar perspectiva.

–Visualizar:
crear una visión
–Pasar a la acción.

Hay muchas más habilidades pero sin estas, y tengo que reconocer que no se cumplen con frecuencia, no hay mucho más que hacer. Mejor centrarse en lo esencial antes de pasar a otras cosas.

ASPECTOS FUNDAMENTALES DEL COACH:
LA ESCUCHA ACTIVA Y LA EMPATÍA

Personalmente, y gracias a mi trayectoria y formación, aprendí que para mantener una escucha activa, te deben importar realmente las personas. No vale con aparentar que escuchas pues el otro lo nota. Si no les escuchas con toda tu atención, ellos perciben un mensaje que les puede descuadrar: les estás transmitiendo que estás pendiente de otras cosas y, por tanto, es más importante lo que tú tengas que decirles a aquello que te están exponiendo. Pero si tu atención es plena, tu comportamiento delata que lo más importante para ti, en ese instante, es lo que tengan que decirte. Desde ahí se crea una conexión especial, podríamos decir que mágica, y se hacen las preguntas adecuadas.

Para ello, es importante no interrumpirles, mirarles con atención, permitir que se expresen, no concluir sus frases, dejarles que fluyan verbalmente y mantener los silencios si es necesario. Parece algo sencillo porque todos tenemos dos orejas y entendemos el mismo idioma, pero no lo es. Yo he tenido que practicar muchísimo para conseguirlo, me he trabajado interiormente a través de la meditación y del yoga. Sólo así he sido capaz de atender a mi propio cuerpo y ruido mental para percibir mis sensaciones y las del otro, escuchar —sin juzgar— las distintas opiniones. Sólo cuando te has «utilizado» a ti mismo como banco de pruebas, estás en condiciones de practicar la conexión y la escucha con el otro. Esto, que parece bastante obvio, no lo entienden la mayoría de las personas. En mis cursos siempre me preguntan por la receta o el método para trabajar bien y ser un buen coach. No se dan cuenta de que el método lo tienen dentro si supieran escucharlo, si oyeran su música... pero la mayoría no la perciben porque sólo se oyen a ellos mismos diciendo lo mismo que escuchan sin conectar con su interior. He conocido muchos *coaches* que, desgraciadamente, tienen un discurso muy bueno cuando hablan o dan un curso, pero eso lo acababan de leer o copiar de un libro y, si profundizas o les conoces mejor, no practican nada de lo que dicen. Más bien al contrario, porque en su vida, cuando no les ven, hacen lo contrario. Triste, muy triste y engañoso. Esas personas sólo crean falsas expectativas y confunden a la gente, pues aunque al principio algo de lo que hacen les pueda servir a otras personas por su desconocimiento, con el tiempo les llevan al enredo y la confusión, ni más ni menos que la misma que ellos tienen.

Otro aspecto fundamental del coach es la empatía. Esto ya lo dice la inteligencia emocional. Existe una parte de la inteligencia emocional que habla de cómo te relacionas contigo mismo; la otra, de cómo te relacionas con los demás. Pues bien, la empatía tiene que ver con todo esto. Si no la tienes no puedes establecer relaciones efectivas y afectivas con otras personas, así de sencillo. Todos creemos saber lo que es la empatía, pero sobre todo, quien se dedica a esta profesión debe ser profundamente cuidadoso para no reflejar su pensamiento en lo que dice el otro, no darle prestadas sus ideas sino entenderle, ponerse dentro de su piel... captar su emoción.

No se aconseja, no se da una opinión creada,
se le acompaña para que él reformule
sus propios cuestionamientos.

En el momento en que el coach cree que debe opinar o reconducir, está dejando de entender que esa persona tiene sus propios recursos, unas habilidades distintas y unas capacidades que no son las suyas y que, sin duda, le llevan a afrontar los problemas de un modo distinto a cómo lo haría otra persona.

Gracias a la empatía aplicada, el coach tiene la sensibilidad suficiente hacia el otro.

EJEMPLO PARA REFLEXIONAR
FALTA DE EMPATÍA

El otro día, un joven me dijo en una sesión que había gente que se ahogaba en un vaso de agua. Se refería a una compañera del trabajo y protestaba porque todo se le hacía un mundo. Intenté hacerle ver que hay circunstancias que para uno no son importantes mientras que para otros constituyen un océano insondable. Esa empatía la debes practicar no para ti, sino para captar los motivos por los que una persona se arredra ante los problemas o se ahoga en su vaso de agua. Entender por qué reacciona de esa forma ante la adversidad. El coach debe comprender, no sólo a la persona en la actualidad, sino captar sus circunstancias anteriores aunque no indague en ellas, y su historial emocional, para saber los motivos de sus reacciones presentes. El coach se sirve del pasado, pero trabaja de presente a futuro. Ahora bien, una escucha y empatía auténtica le ayudan a ver por qué una persona dice lo que dice y siente lo que siente.

Hay personas que actúan de una manera determinada para ocultar su incompetencia y limitaciones. Si eso nos ocurre en el trabajo con un jefe déspota, por ejemplo, ahí tenemos una oportunidad magnífica para cambiar nuestra idea sobre él. Sólo desde esa nueva concepción de la realidad —que es un incompetente y no un tirano— se puede encontrar un punto de apoyo para que te afecten menos sus acciones.

La empatía la debe ejercer cada individuo para ver más allá de las apariencias, conectar con las personas e impedir también que nos afecten los comportamientos o decisiones de los demás.

Es evidente que seguiremos igual de presionados por el superior, pero al variar nuestro concepto de él, nos dolerá o decepcionará cada vez menos y no sufriremos igual. Nos hará salir tarde, nos cargará de trabajo pero no nos quitará la moral ni las ganas de mejorar en cada oportunidad para lograr nuestros objetivos. No podemos cambiar la realidad, pero sí reformular lo que nos rodea y cómo reaccionamos ante ello. Sólo así evitamos caer en las garras del Síndrome de Burnout, de estar «quemados y dejar que nos quemen», en tanto que hemos tomado distancia con la situación.

Ampliar la perspectiva, propia y de los demás, es una habilidad fundamental en un coach, pues precisamente su trabajo consiste en crear varias alternativas a explorar para encaminarse a un objetivo. Ese objetivo ha de salir en una visión, como veremos con más detalle, para que sea un objetivo retador y resonante.

Y en este punto es donde de verdad empieza un proceso de coaching para mí, cuando tienes definido un objetivo estimulante y creas un plan de acción para conseguirlo.

En la acción es donde suceden las cosas, lo anterior es necesario para tener unas pautas, un modelo, pero en sí mismo no es nada. Sólo con la acción, cobra vida y se produce un cambio y un impacto.

EL COACHING DEPORTIVO

Mi paso del coaching al coaching especializado en el deporte vino por la llamada de un alumno que se había formado conmigo y con quien había trabajado coaching en su empresa. Se llama Alfonso de San Cristóbal, un excelente director de Recursos Humanos, antes de Dragados en Estados Unidos y Canadá, y ahora en Aegón España y Europa, innovador y con miras amplias pues en aquellos momentos el coaching en España estaba muy poco desarrollado. Él sabía que yo también había sido deportista y, dada mi experiencia, me propuso involucrarme en un programa de coaching deportivo que quería crear un grupo de personas que se acababan de formar en coaching pero sin experiencia. Les asesoré en crear el programa y, después de participar en algunas jornadas con futbolistas, entrenadores y deportistas, al ser la persona con más experiencia, acabé dirigiendo e impartiendo el curso de un año académico de duración en la Universidad Francisco de Vitoria de Madrid. La simbiosis era perfecta al haber sido deportista y por otro lado al haberme dedicado al coaching con personas y empresas.

A partir de ahí se dieron muchas circunstancias. Eusebio Sacristán, que se había formado en ese primer programa, me pidió trabajar con él cuando fichó por el Celta de Vigo. No sólo tuve sesiones de coaching con el equipo sino también individualmente con varios jugadores como Michu y otros que destacarían en primera división. Michu posteriormente, estando en lo más alto de su carrera en la Premier, primera división inglesa, mencionó en varias entrevistas de prensa el trabajo de coaching que había realizado conmigo y lo útil que le había sido para lograr su mejor versión. Después jugó en el Nápoles y llegó a la Selección Española de Fútbol hasta que le frenaron varias lesiones en el mismo tobillo. Tuvimos sesiones individuales y con el equipo, desde la pretemporada que se hizo en Portugal. Con los jugadores y el equipo me centré en algunos pilares básicos: la concentración, la confianza, el alto rendimiento, la gestión de la presión y las emociones, los miedos y temores, el concepto de equipo, la unión... También es importante trabajar la ansiedad que siempre se tiene antes de empezar un partido, por el partido en sí o por el ambiente. En el deporte de alto nivel, la presión es muy fuerte y rápida. Un futbolista, por ejemplo, debe enfrentarse a ella prácticamente en cada momento. Todos los fines de semana pesa sobre ellos la presión de un resultado, ya se trate del entrenador o del jugador. Te pitan, te chillan, el miedo a las lesiones, la prensa juzgándoles... todo se amplifica al máximo. Poco a poco, si no tienen cierto control, esto termina quebrándoles la moral. Pensemos que en nuestros trabajos tenemos una evaluación anual, como mucho. Un futbolista tiene revalidas una o dos veces por semana. Por eso hay muchos aprendizajes del deporte que se pueden llevar a la vida y a la empresa para hacer las cosas mejor. Un deportista vive en un año experiencias que a una persona normal le ocurren en varios años o durante toda una vida.

EJEMPLO PARA REFLEXIONAR
AMPLIAR PERSPECTIVAS

Recuerdo el caso de un jugador que había estado en el Atlético de Madrid y me decía que cuando no jugaba, durante la semana entrenaba enfadado para hacerle ver al entrenador que estaba molesto. Eso no hacía sino empeorar su situación pero él no se daba cuenta. Su actitud era más bien negativa y además de hacer las cosas cada vez peor, generaba mal ambiente. En este caso, me centré en la obtención de otras perspectivas más amplias como que se diera cuenta que eso era perjudicial para él y para el equipo. Cuando lo vio, el siguiente paso fue encontrar la motivación para entrenar bien y hacer méritos para jugar, hacerle ver que el entrenador es el primer interesado en poner a los jugadores que mejor rinden por el bien del equipo y de él mismo. Eso, que muchas veces no se ve con facilidad, me ha ocurrido también con otros jugadores que se querían hacer un hueco en el Real Madrid o el F.C. Barcelona.

Con los entrenadores trabajo más las cuestiones relacionadas con el liderazgo, la influencia, la toma de decisiones, las dudas, la gestión de conflictos, la comunicación o los temas de equipo.

Mi experiencia profesional continuó. Después del curso de la universidad, se hizo el mismo programa a la Federación Española de Fútbol, donde continué dirigiéndolo e impartiendo la mayoría de las clases con entrenadores y deportistas. Lo compaginaba con algunos cursos de menor duración en el Comité Olímpico Español que serían la antesala del máster que se realizó después, allí, junto con la Universidad de Barcelona. Fue de ese modo como conocí a Julen Lopetegui en la Federación Española de Fútbol o a otros entrenadores y deportistas destacados en el COE, como Fernando Rivas, el entrenador de Carolina Marín. Unos años después me llamaría para preparar con Carolina y el equipo de bádminton el entrenamiento mental de los Juegos Olímpicos de Río 2016.

CAPÍTULO 3

LOS 5 «YOES» Y SU SOMBRA. DE CAMINO A ÍTACA

«Los cantos de sirena que escuchaba Ulises en La Odisea,
casi siempre están dentro de la cabeza, no fuera.
Como tu poder está dentro de ti».

En este capítulo me gustaría invitarte a un apasionante viaje por la vida, por tu vida. Cuando queremos cambiar, cuando hay algo dentro de nosotros que no nos cuadra o que nos chirría o simplemente experimentamos un vacío, indiferencia. Cuando sentimos que algo no fluye, que nos encontramos como en «paradero desconocido». Es aquí donde empieza la gran aventura de averiguar por dónde vamos. Pero antes, ¿no será más importante saber quiénes somos de verdad?

Permíteme que te haga pensar sobre estas preguntas que te voy a plantear. Puedes contestarlas ahora o en otro momento. Sólo me gustaría que me dijeras si eres consciente. Te será de ayuda. Me he encontrado con muchas personas que responden de forma automática, sin pensar por sí mismos, sólo con su mente programada.

Date tu tiempo, lee la pregunta primero y respóndela después con los ojos cerrados. Si lo haces así te ayudará a conectar más con tu ser profundo y auténtico. Cerrar los ojos no significa no ver, sino ver hacia dentro, es una forma rápida de conectar contigo mismo, con tu interior.

– ¿Eres consciente de tu vida y hacia dónde vas?
– ¿Conduces tu vida o vas con el piloto automático sin manejarla tú?
– ¿Cuáles son tus valores de verdad, los que vives y aplicas?
– ¿Cuáles son tus propósitos y tu visión?
– ¿Tienes claros tus objetivos, lo que te gustaría alcanzar?
– ¿Sabes los pasos a seguir?
– ¿Te sientes realizado?

En definitiva, ¿lideras tu vida? Y:
– ¿Cómo la lideras?
– ¿Con sentido?
– ¿Con orden de prioridades?
– ¿Con inteligencia emocional?

¡Cuántas preguntas!, ¿verdad? Tranquilo. Estamos de camino a Ítaca. Como Ulises en *La Odisea* de Homero, uno de mis libros favoritos. Pero este regreso a Ítaca, a nuestros orígenes, no es desde la guerra de Troya sino desde la guerra que libramos todos los días ahí fuera... ¡y también aquí dentro, en nuestro interior! Esto no ha hecho más que empezar...

En este apartado no hablaré de alcanzar objetivos sino de cómo hacer el camino para que estos lleguen. Igual que, de forma majestuosa, se nos narra en *La Odisea*, el Ítaca de nuestro fin se gesta en cómo llegar a él: de nuestro origen a nuestro destino, el que hayamos elegido. El recorrido que transitaremos juntos para lograr aquellas metas que nos hemos marcado. Y el camino es lo más importante. Tener un rumbo es lo que te da la fuerza para conseguirlo, como Ulises luchando contra el cíclope Polifemo o con los cantos de sirenas. Cantos de sirenas hay todos los días en el regreso a la pequeña Ítaca y en todos los pueblos y ciudades. Es muy fácil quedarse atrapado en ellos salvo que tengas muy claro tu destino como Ulises y lo que estás dispuesto a hacer para conseguirlo. El optó por atarse al palo mayor para no dejarse sucumbir por esos cantos que le alejaban de su destino, pero también ordenó que sus acompañantes se taparan los oídos con cera para no caer en la tentación. Esto nos indica que hay muchos métodos para enfilarte a tu destino, a tu deseada Ítaca, y no quedarte en los obstáculos. En estas páginas encontraremos algunos que seguro irán a tu medida.

EJEMPLO PARA REFLEXIONAR
EL SUEÑO DE CAROLINA

Con Carolina Marín quise saber cuáles eran sus verdaderas metas, sus objetivos auténticos, esos por los que estaría dispuesta a darlo todo. Su verdadera Ítaca, su sueño.

Conocer ese punto nos pone en disposición de preparar las velas para un largo viaje no exento de obstáculos e inclemencias. Ese punto de partida es muy importante, saber lo que se quiere de verdad y lo que estamos dispuestos a dar para conseguirlo. Ese sólo es el primer paso, el siguiente es cómo lo vas a conseguir. Y eso, no lo dudes, está dentro de ti.

No te puedes plantear retos que no puedes alcanzar por ti mismo, si no los puedes conseguir, significa que están mal planteados y se deben redefinir.

En el caso de Carolina, discriminados estos objetivos, había otros muy importantes, pero uno estaba por encima de todos: el deseo de llegar a la cima de un sueño que se había forjado durante toda una vida, desde la niñez. Ser campeona olímpica.

Esa energía y esas emociones, ese deseo auténtico, son los que te mueven, de forma casi imparable, hacia tu éxito. Tanto en el deporte como en la vida, la receta es similar: grandes dosis de querer alcanzar un sueño auténtico y por el que te dejarías la piel. Esto da pistas de lo que quieres de verdad.

Muchas personas hablan de los sueños que quieren alcanzar, pero después no están dispuestos a seguir el guion para lograrlos. No son sueños auténticos, incluso pueden ser los sueños que otros han pensado para ellos. Esos sueños no hacen vibrar, ni la persona siente emoción al visualizarlos y expresarlos. Carolina, en cambio, sí. Se dejó literalmente la piel cada día, en cada entrenamiento y en cada reto establecido fuera del entrenamiento.

Un sueño se cumple cuando, desde que te levantas hasta que te acuestas, tu gran sueño, tu gran objetivo está presente contigo. De una forma que se acaba convirtiendo en natural.

Desde ahí, el esfuerzo es más llevadero, incluso lo buscas, lo quieres para probarte y superarte. Las rutinas se convierten en desafíos y el trabajo diario se transforma en superación. Aunque pueda parecer lo contrario, no hay nada que perder porque alcanzas tu objetivo cuando obtienes también el éxito externo y el reconocimiento, pero si no lo alcanzas estás en paz con tu interior porque sabes que has dado lo máximo, y que en ese camino has crecido como profesional —en el deporte o el trabajo— pero también como persona. Nunca será tiempo perdido. Partiendo de esa premisa existen muchas más posibilidades de mostrar tu mejor versión. Carolina pudo hacerlo: consiguió la medalla de oro en los Juegos Olímpicos de Río 2016.

Este es un ejemplo concreto que ilustra cómo podemos identificar determinadas fases o estados del Yo que conviene atravesar para llegar a nuestra cima. Cuando trabajo con alguien que quiere aprovechar al máximo las posibilidades de su mente, le explico lo que denomino los 5 «Yoes», una evolución por distintas etapas que te catapultan a tu mejor versión, sea en el deporte, la vida o el trabajo.

LOS 5 «YOES»
Y SU SOMBRA

1.– EL YO DURMIENTE

*Palabras clave: ruido mental, en automático,
no consciente.*

Son muchas las personas que están en esta fase aunque, obviamente, no son conscientes. Y muchos de ellos se pasan ahí toda su vida. Estas personas van en automático, sin pararse a pensar quiénes son o dónde van. Se mueven al compás de los demás, de la masa, donde se supone que hay que ir o estar. Ni siquiera se plantean que ellos son diferentes o que tienen otras cualidades o aspiraciones para no necesitar parecerse a los otros. Cuando la persona está ahí, en muchas ocasiones, trata de imitar los ejemplos que ve o le ponen en los medios de comunicación, la publicidad, las revistas, etc., pensando que así se parecerá a ellos. Formará, sin saberlo, parte de la tribu.

Y creerán que hacen lo correcto porque tratan de parecerse a los demás. Están dentro de un orden. Si indagaran en ese orden serían conscientes de que poco tiene que ver con quienes son de verdad. Están jugando a parecerse a otras personas que en algunos aspectos pueden ser incluso peores, aunque en otros destaquen sobremanera.

Cuando alguien va con ese aire inconsciente por la vida, lleva puesto el piloto automático y no se entera de nada. O de muy poco... al final es lo mismo. Ese alguien puede tener muchas ideas en la cabeza pero no son suyas sino las que le han programado. Creerá que así va bien pues es como piensa la mayoría. Pero no es él y, peor aún, no lo sabe.

El «Yo durmiente» no escucha de verdad —aunque trate de fingir—, interrumpe constantemente y no se da ni cuenta. Habla de cosas que para él son trascendentales pero que a los demás le importan poco, además son réplicas, no le pertenecen ni reflejan lo mejor que tiene. Es uno más de la multitud, de la muchedumbre, como el ignorante que no sabe que no sabe y se permite ir tan tranquilo como si no pasara nada. En definitiva, no tiene ningún rumbo ni sello propio.

Tal vez superes esta etapa porque has caído muy hondo, porque personas cercanas te han dicho: «pero no te das cuenta que haces siempre lo mismo, o que no escuchas, que siempre vas a lo tuyo». Cuando se llega a esta primera conclusión, la persona toma conciencia y se coloca en su primer punto de partida: ser consciente del impacto de lo que hace, y también de lo que no hace. Las consecuencias de sus comportamientos. Muchas veces uno mismo no se da cuenta y lo tiene que averiguar recibiendo opiniones o el *feedback* de los demás. Algunos, este descubrimiento lo hacen tarde, pero aun así están a tiempo. Otros no lo hacen en toda su vida, ni aunque tuvieran varias vidas.

Un ejemplo de este tipo de situaciones, que se da con cierta frecuencia en mis sesiones, es cuando una persona no es consciente de su incompetencia o de sus limitaciones hasta que le ocurre algo frustrante o drástico. Puede ser la pérdida de un trabajo, estancarse, una ruptura de pareja o en el deporte, no alcanzar un nivel superior teniendo mayores posibilidades que otros.

Estas personas muestran algunos patrones en común. En primer lugar, casi siempre se hacen poco o nada responsables de lo que les pasa y buscan culpas en los demás o en factores externos. Difícilmente escuchan, aunque en ocasiones dejen hablar, porque consideran más importante lo que ellos tienen que decir que lo que les pueden decir a ellos. Creen que su punto de vista es el más valido pues «se conocen mejor» y saben más de sí mismos. Tienen unas ideas en la cabeza muy arraigadas y son muy reacios a cambiar, con lo que esas ideas se convierten en creencias que para ellos son la verdad suprema. No se dan cuenta de que es «su realidad» y de que hay otras muchas realidades. Les cuesta mucho abrirse a otros escenarios. Y si se abren, necesitan tiempo para el cambio, salvo en aquellos casos en que les llega de forma abrupta y no les queda más remedio que cuestionarse esa forma de ser y de ver la vida.

Conservando la confidencialidad, fundamental en un proceso de coaching, os voy a dar un ejemplo concreto que recuerdo con precisión.

Se trata de una persona que tenía problemas de relación con sus compañeros de trabajo y me comentaba en la sesión que eso le preocupaba. Creía que siempre tenía la razón en la mayoría de los temas que se trataban en la empresa, aunque no se entendía con ninguno de sus compañeros. Como pensaba que estaban equivocados le daba igual, eso le hacía sentirse valioso e incluso mejor. Había desarrollado mucho la parte racional e intelectual y poco la emocional y relacional, lo que le llevaba a encerrarse mucho en sí mismo, a analizar en exceso las cosas y a dar muchas vueltas a todo lo que pasaba y pensaba. Pensaba mucho y yo siempre he dicho en mis cursos que pensar es malo y pensar mucho muy malo. Otra cosa distinta es reflexionar, o pensar con una intención y un propósito, de forma consciente. Es decir, saber lo que estás pensando y para qué lo haces.

Piensa antes de pensar.

Pensar sin más lo único que produce es infinidad de hipótesis y teorías, la mayoría negativas, que no se van a dar en la realidad. Y eso desgasta mucho, consume energía y mucha actividad cerebral. La vida es más sencilla cuando se vive y no cuando se vive desde la teoría o desde el pensamiento. Esa persona, de tanto pensar y creer que estaba en lo cierto, nunca quedaba con sus compañeros a tomar un café o una caña, pues consideraba que eso era una pérdida de tiempo. Casi todo lo que hablábamos en la sesión lo cuestionaba pues siempre encontraba argumentos para ver algo que podía ser de otra manera y no le encajaba.

Sólo era válido lo que él decía. En esa posición se mantuvo durante varias sesiones a pesar de mis intentos de hacerle ver otro mundo de posibilidades. Finalmente, hubo dos motivos que le hicieron ser más receptivo al cambio y a cuestionarse su comportamiento. El primero fue que su situación en el trabajo empeoraba cada vez más y sus relaciones con los compañeros también. Querer tener razón en todo, por muy inteligente que él fuera, le estaba aislando y haciéndole insoportable para los demás. Y también le ayudó descubrir que la razón no lo es todo. Yo le comentaba un dicho que decía «había una persona que lo había perdido todo, absolutamente todo, menos la razón» y le pregunté si él quería ir por ese camino, que podía ser su elección. Rápidamente tomó conciencia de que podía perder su trabajo, sus amistades e incluso su pareja, eso sí «teniendo razón».

Por tanto, a veces, una situación límite es la que provoca que alguien pase del «Yo durmiente» a uno más desarrollado, donde comience a cuestionarse determinadas circunstancias y tome conciencia de otras realidades.

2.– EL YO ELEMENTAL
Palabras clave: consciente, piloto manual,
impacto de comportamientos.

Cuando se supera esta primera «etapa durmiente», la persona entra en el «Yo elemental», el Yo básico y fundamental: la consciencia. Ese Yo empieza a ser más persona y menos autómata. Se va dando cuenta de que tiene unos mandos propios para manejar su vida. Es como si pasase del puesto de copiloto a conducir de forma prudente y cívica, pero todavía con cautela y poca destreza. Ya nota la responsabilidad y los riesgos que eso acarrea, no va inconsciente donde le lleven, conduce su propia vida. Es más consciente de lo que le rodea, de lo que hace mal, de sus torpezas, de sus limitaciones y a la vez empieza a atisbar todo lo que podría ocurrir si se suelta, si tiene un gran día… Aun así, sigue creyendo que depende de los demás, de su aprobación o halagos y aún no tiene suficiente confianza en sus posibilidades. Está probando sus alas pero le da miedo a volar, no confía en sus capacidades, no tiene tampoco recursos para afrontarlo y necesita el respaldo de los demás. Le falta el entrenamiento adecuado. Está creando sus bases pero es aún una promesa, un proyecto que no sabe si va a poder volar alto o sin ayuda. Tiene miedos porque ahora los está descubriendo y hasta ponderando. En la fase anterior, los miedos eran sólo un síntoma de cobardía, no de sensatez. Con ese nuevo equipaje se va concienciando de lo que podría hacer si despegara y dejara atrás su Yo antiguo y ciego.

Está despertando y empieza a vislumbrar dónde podría llegar si se esforzara más, si se preparara, si se marcara objetivos. El «Yo elemental» se lanza a soñar, como en la niñez, cuando apenas tenía preocupaciones.

3.– EL YO SOÑADO
Palabras clave: mi futuro, mi visión,
mi mejor versión.

Es el Yo que a todos nos gustaría ser, el ideal, la carta a los Reyes Magos. En un deportista o entrenador es la visión que tiene dentro de su carrera deportiva: ganar unas olimpiadas o un campeonato mundial, lograr un título que colme las máximas aspiraciones…

En una persona puede ser conseguir sus sueños: un trabajo que le apasione, vivir en algún lugar deseado o crear una familia acorde a unos valores y estilo de vida.

Cuanto más grande se sueñe, mejor, porque la persona tendrá que esforzarse más para perseguirlo y eso significará que se superará a cada paso. Algunas personas me dicen que esto que les describo no es realista pero lo verdaderamente realista es alcanzar los sueños, no el hecho de soñar. Desde esa perspectiva, las cosas se van colocando y poniendo en su sitio. El gran reto no podemos limitarlo de inicio, se ajusta sólo a medida que se va avanzando y se van fijando objetivos.

En este punto, necesitamos dejar volar mucho la imaginación, algo que a determinadas personas les resulta difícil llevar a cabo. Sobre todo les ocurre a aquellos que son muy racionales o estructurados, muy cartesianos. Evidentemente, también es complicado para quienes no lo han practicado con anterioridad. En mi experiencia, algunas de las personas que tienen más dificultades son aquellas de formación técnica o económica. Aunque sea una generalización, también es una muestra estadística; la mayoría de ingenieros con los que he trabajado y los profesionales de finanzas tienen dificultades para soñar despiertos, algo clave para conectar con el propósito y la visión. Les resulta complicado porque no es tangible, a veces incluso consideran absurdo hacerlo. Pero al mantener el alcance en el día a día y en el plano racional, no se mira con perspectiva, no se establece un rumbo a la vida y finalmente no se cultivan las verdaderas aspiraciones y los anhelos más profundos. Es decir, no se invierte nada de tiempo en construir los sueños propios sino los ajenos. Eso está bien, pero tiene que guardarse un equilibrio donde los sueños de cada uno tengan un espacio primordial.

En los deportistas, este aspecto es más fácil porque se marcan sueños y objetivos continuamente. Soñar tiene que ir antes que fijar el objetivo para dotarle de la fuerza necesaria, hacerlo retador y comprometido. De lo contrario, se convierte en un objetivo más como tantos otros que nos marcamos o más bien que nos marcan las personas y las circunstancias a nuestro alrededor. La alta energía sólo se obtiene conectando con un gran sueño, con un gran reto, visualizarlo y transformarlo en una visión del futuro ideal.

Esa energía se vuelve inagotable cuando uno se apoya en su esencia, en lo mejor que tiene y para encauzarla bien hay que recurrir a nuestros valores, talentos y propósitos. Así es como obtenemos la mejor versión.

La primera vez que escuché el concepto de conseguir la mejor versión fue de un jugador de la Selección Española de Hockey Hierba. Estábamos trabajando con el equipo nacional estos temas para la preparación de los Juegos Olímpicos de Londres 2012 y al acabar una sesión, se acercó un jugador de la selección y me dijo: «Mira Juan Carlos, con todo lo que estamos trabajando, me doy cuenta de que tengo dos versiones. Mi peor versión, que es cuando llego a entrenar o a jugar con mis problemas en la cabeza, pensando en otras cosas, casi sin saludar a mis compañeros; en definitiva, voy a lo mío. No estoy nada centrado y desde ahí me cabreo en el campo o si alguien me dice algo. Otros días tengo mi mejor versión, antes pensaba que no dependía de mí, pero ahora viendo este trabajo de coaching y desarrollo he encontrado la forma de conseguirla cuando quiero. Si me apoyo en mi visión como jugador y como equipo, en el talento que tengo, en mis valores y en el propósito para el cual juego a hockey, conecto con ella. Cuando estoy en mi mejor versión llego al vestuario mentalizado, saludo a los compañeros, si veo a alguno bajo de ánimo intento apoyarle, salgo al campo lleno de energía, dispuesto a trabajar en equipo y a no dejar pasar un momento en que no esté conectado al juego. Disfruto y me encuentro fluyendo, ¡es una pasada!».

También tenemos una versión normal, cuando hacemos lo correcto y cumplimos, pero yo me pregunto: ¿por qué conformarnos con eso cuando podemos ser mucho más?

EJERCICIO PRÁCTICO. EL «YO SOÑADO»

Un ejercicio que puede ser útil para acercarse al «Yo soñado» es el siguiente:

✓ Imagínate que puedes vivir otra vida después de esta y te dan la opción de ser la misma persona pero con una nueva versión que tú eliges. El único requisito es que tienes que hacer una pequeña ficha que responda a estas cuestiones:

– Características que te harían sentir orgulloso ante tu familia, amigos y compañeros de trabajo, es decir tu imagen ideal.

– Un lugar del mundo donde te gustaría vivir si pones el dedo en el mapa.

– Un trabajo de ensueño que te haría la persona más feliz del mundo.

– Otro trabajo que esté relacionado con tus intereses y cualidades.

✓ Después de responder a estas preguntas conviene elegir una persona a quien se lo puedas comentar para enriquecer las ideas y ver qué efectos produce en ti al trasmitirlas.

Este acercamiento al «Yo soñado» nos va conectando, poco a poco, con algo más profundo que nos hace sentir más grandes, más orgullosos de nosotros mismos. Y ahí es donde penetramos en el túnel de nuestro interior, en el «Yo esencial», lo que de verdad somos al observarnos y escucharnos con atención. Si proyectamos hacia fuera, desde dentro, y nos guiamos hacia nuestros sueños con un equipaje propio, no con el que tienen los demás, a partir de ese momento nos empieza a gustar descubrir el tesoro que tenemos dentro y que ya no recordábamos que existía cuando siempre ha estado ahí, dentro de cada uno, esperando su oportunidad.

4.– EL YO ESENCIAL
Palabras clave: mis valores, mi propósito, mi tesoro.

Estamos en la fase de empezar a conectar de verdad con uno mismo, dando sentido a la vida desde la consciencia y la inquietud de mejorar para ir en busca de los sueños. Poco a poco se va ensamblando lo que deseamos con lo que somos para estar llenos de motivación y energía. Aquí entramos en los valores, los talentos, las capacidades, las emociones... también en lo que falta, lo que aún no tenemos. Como diría Sartre: «Se trata de una combinación de lo que somos y lo que podríamos llegar a ser». Nos encontramos ante uno de nuestros mayores desafíos: descubrir quién somos en realidad, nuestro Yo auténtico, nuestro propósito en la vida que nos proyecte hasta nuestra mejor versión, nuestro máximo desarrollo: como persona, en el trabajo, en el deporte, en la familia...

Hay varias puertas de entrada para acercarnos a ese «Yo esencial». Empecemos por una muy habitual, conectar con los valores para después ligarlo al propósito y los talentos.

Ejercicio práctico. El «Yo esencial»

Recomiendo un ejercicio sencillo, en varias fases, para acercarnos a nuestro «Yo esencial»:

✓ Coge un papel y un lápiz y pinta tres o cuatro dibujos de cosas que te hacían sentir bien cuando eras niño, cuando no estabas condicionado por el peso y las creencias de lo que se supone que tienes que hacer y quién tienes que ser.

✓ Pinta lo que te gustaba, lo que te hacía disfrutar, aquello que te hacía sentir tan bien que ni el tiempo ni lo demás importaba. No se trata de dibujar bien, sino de representarlo. Puede ser un símbolo, un icono, algo que incluso sólo tenga sentido para ti y los demás ni lo reconozcan. Eso sí, es muy importante pintarlo, no sólo pensarlo o escribirlo pues los procesos que se desencadenan en la mente son muy diferentes. Al dibujar te saltas el lado más racional, tus pensamientos programados, y conectas con el lado subconsciente donde anidan tus raíces y deseos más profundos. Una vez que lo hayas pintado detente en cada dibujo y permítete experimentar cómo te sentías en esa situación, cuando ocurrió. Escribe también las buenas sensaciones que has revivido. Después conéctalo con tu vida actual y busca la mejor manera de llevarlo al aquí y ahora. Haz un esfuerzo —para desarrollarse hay que esforzarse—, de ver la posibilidad de que esté presente en tu vida actual, incluso sabiendo que requiere cierto valor conectarlo con quien eres ahora. Si lo haces así, estarás más cerca de tu esencia y más lejos de tu Yo programado, vas avanzando.

✓ Finalmente pregúntate cuanto tiempo llevas sin hacer nada o muy poco, por ese deseo que dejaste en un lado de tu camino. Bien, pues ahí tienes una medida de dónde te encuentras ahora. Eso sí, recuerda que esto es sólo una primera puerta de aproximación, hay muchas más.

Cuando hago este ejercicio, en mis dibujos suelo dibujar paisajes de la naturaleza: montañas y cielo abierto donde me encuentro en un entorno de libertad, equilibrio y respeto. Eso me ha servido de referencia para saber dónde quiero estar y cómo tiene que ser mi vida. Procuro, cada vez más, y siguiendo estos instintos, combinar la ciudad con el campo y paso más tiempo en este último. Pero también me gusta la ciudad, sólo que en la dosis adecuada. Mi energía me viene de tener espacio, lugares y personas naturales o al menos que no contaminen, pues de lo contrario me desgasto mucho y me alejo de ser quien soy.

Una vez que la persona se va acercando a su esencia empieza a ver otras posibilidades, se siente mejor y tiene más fuerza. Nota que hay un tesoro cerca que reluce cuando redescubre su propósito. Lo vuelve a descubrir porque siempre ha estado ahí y quizás al conectar con su esencia, permite que aflore, de una vez por todas, el Yo niño no contaminado.

Desde ahí se abren infinitas posibilidades. Nos sentimos dueños de nuestro destino porque sabemos que depende de nosotros en gran medida. Cuando se llega a este punto de conocerse bien y saber quien queremos ser, teniendo marcado un rumbo y aspiraciones, es cuando entramos en la fase de la realización.

5.– EL YO REALIZADO
Palabras clave: armonía, disfrutar, fluir.

En este punto es cuando la vida cobra sentido, sabemos lo que deseamos y cómo lo queremos conseguir, dando tanta importancia a cada paso como al resultado final que es sólo una consecuencia. En este punto perturban muy pocas cosas, casi ninguna, porque se percibe la coherencia interior dentro del ser. Lo que se piensa, se siente, se dice y se hace va en la misma dirección. Eso da confianza y tranquilidad. Nadie nos puede pillar en un renuncio. No escondemos nada de lo que nos podamos avergonzar.

Aquí la paz, la tranquilidad y la satisfacción de encontrar un sentido a la existencia, gobiernan el día a día. La persona se encuentra bien, los demás la ven bien, sin ningún motivo concreto. Aunque claro también hay que seguir luchando cada día para conseguir y mantener lo que se quiere, pero esa contienda no nos desanima, al contrario, sabemos que nos hace superarnos y sacar lo mejor de nosotros.

En esta fase duermes bien y te levantas tranquilo, en paz con tu entorno y con ganas de aportar y aprender algo cada día. Apetece ayudar a los demás porque se quiere compartir y devolver al menos una parte de todo lo que te han dado. Incluso los que no quieren darte nada te lo dan, pues te están mostrando una buena oportunidad de manejar y gestionar esa relación para mostrarles otro camino, para no caer en sus redes. El «Yo realizado» sólo entiende la vida dando porque quitando se empobrece. Incluso no le importa que algunos se aprovechen de su forma de comportarse porque entiende que están luchando consigo mismos, buscándose sin encontrarse aún y como hemos visto lleva su tiempo y estrategia salir de las fases más primitivas y menos evolucionadas.

En definitiva, la persona realizada es muy consciente de que la vida es efímera y que ha venido a algo más que a pasar por ella en superficie. Lo que importa es tener un sentido y un propósito pero viviendo en el aquí y ahora. Y cuanto más equilibrio y armonía haya alrededor más prosperidad y desarrollo habrá para todos y para el entorno. La persona instalada en el «Yo realizado» desea dejar un legado auténtico, una contribución a su paso por esta vida. Pero eso no es fácil, algunos días puede estar ahí y sin embargo otros le entrarán dudas, se encontrará confusa, aparecerá de nuevo su peor versión. Esa es su sombra. Una sombra que hay que procurar que no se agrande porque si no será difícil mantener nuestra mejor versión. Para ello lo primero será conocer bien nuestro lado oscuro.

6.– LA SOMBRA DE LOS 5 «YOES»
Palabras clave: miedos, ego, saboteador interno…

Cuando tenemos un mal día, bajo de energía y autoestima, pensamos que no valemos lo suficiente y somos más débiles o vulnerables de lo que realmente somos. Vemos a los otros más grandes, más poderosos y a nosotros mismos más pequeños, más insignificantes. Y si bien es cierto que no siempre estamos con la misma confianza y ánimo, tampoco se trata de vernos menos de lo que somos. Esa es una imagen distorsionada por todo lo que pensamos y sentimos en un momento concreto.

Este aspecto se ve de manera mucho más nítida en el deporte. Si un estado de ánimo afecta al trabajo y a cada aspecto de la vida, ¿podemos imaginar cómo le puede influir a un deportista que trabaja ante un televisor delante de miles o millones de personas? Los deportistas de alto nivel tienen mucho mérito y no les podemos «juzgar» con los mismos ojos de aquellas otras personas que no están expuestas a semejante desafío mediático. Al contrario, de ellos podemos extraer muchas enseñanzas que nos ayuden a gestionar mejor nuestros procesos mentales y emociones.

Esos momentos bajos, calamitosos, donde sentimos que no servimos para nada, tienen su explicación. Principalmente, pueden ocurrir por dos motivos. El primero es físico. Estamos más bajos y nuestra energía mental se ve influenciada por ese estado. La química de nuestro cuerpo afecta a nuestros pensamientos. Pero eso ocurre de forma muy puntual. Lo más habitual es que entremos en ese estado como consecuencia de nuestros pensamientos, de enfocarnos en el lado oscuro de la vida. Eso también crea una química en sentido inverso que nos hace más vulnerables y vulgares. Estamos más en el lado de la sombra que en el de la luz. Aparecen los fantasmas, los miedos… es el reino del ego que se hace grande en esos momentos de debilidad. Cierto ego, y bien manejado es bueno, el problema surge cuanto toma el control y nosotros vamos a su compás. Ahí se convierte en un saboteador sigiloso que nunca juega a nuestro favor. Aunque procura disfrazarse de apoyo y nos hace creer que está ayudándonos es muy listo; sobre todo si nos pilla en el «Yo durmiente» o despistado. Si estamos atentos desde los otros «Yoes» lo podemos combatir bien pues si lo sabemos ubicar también cumple su función. Lo veremos más adelante.

Los 5 «Yoes» no están aislados unos de otros, ni significa que una vez que pasas a uno ya no vuelves a algún otro. ¡En absoluto!

Puedes estar en la gloria un día y en la miseria otro. Un día estar radiante y al siguiente parecer una sombra. Por momentos estamos en un Yo pero luego caemos en otro... La diferencia es que cuanto más avanzamos y evolucionamos, más tiempo pasamos en el Yo que nos interesa para mejorar nuestra vida. Tenemos las riendas y provocamos los cambios con mayor celeridad, en vez de esperar a que nos lleguen a nosotros. Esto se ve muy claro en el deporte, donde no tienes mucho tiempo para esperar a que cambien las cosas, las tienes que mover cuanto antes. Pero igual se aplica en la vida: un día estás arriba y otro abajo. La diferencia estriba que ahora ya sabes que estar abajo es algo relativo pues tienes herramientas para gestionarlo y convertirlo en un reto, en una oportunidad.

Recuerda bien estos cinco conceptos porque te ayudarán a conseguir tu mejor versión:

- **Yo durmiente:** Tu inconsciencia, ignorancia, lío mental.
- **Yo elemental:** Tu consciencia, zona de confort, despertar.
- **Yo soñado:** Tu situación ideal, sueños, futuro.
- **Yo esencial:** Tus talentos, valores, propósitos.
- **Yo realizado:** Tu armonía, disfrute, satisfacción y equilibrio.

...Y por supuesto hay que contar con la sombra, tu saboteador interno, que en cuanto no estés atento va a tomar el control de tus pensamientos, emociones y comportamientos.

CAPÍTULO 4

¿TE ATREVES A ESCRIBIR TU CARTA A LOS REYES MAGOS?

—¿Cuál sería tu mayor sueño en la vida?
—Jugar en Primera División.
—Me refiero a un sueño que ahora consideres totalmente impensable…
—¿Esto de qué va?, ¿de magia?
—No, venga… sueña alto. Escribe tu carta a los Reyes Magos.
—Por soñar… Me gustaría entrar en la Selección Española de Fútbol.
—¿Y si llevas el sueño un poco más lejos?
—No sé…
—No pienses, dime.
—Por soñar. Me gustaría ser el mayor goleador de la Liga Inglesa.

Diálogo ficticio basado en un hecho real

¿Quién no ha tenido un sueño en la vida? Más o menos reales, más o menos realizables, más o menos locos… el sueño es parte de nuestra esencia más genuina. Ya lo dijo Calderón, y aunque no sabemos si la vida es sueño, lo cierto es que si dejamos de soñar nuestras vidas pierden fuerza, pierden garra, pierden fluidez. Las personas que han dejado a un lado sus sueños están abandonando muchas de las posibilidades que tienen a su alcance para que su vida pase de ser rutinaria a ser una vida merecedora de lo mejor. Cada día me encuentro con más personas que creen que soñar es perder el tiempo, algo así como levantar castillos en el aire, crear empresas en Marte o subir a una montaña de azúcar. Creen que soñar es sólo para aquellos que andan algo locos. O es cosa de niños. Esas personas han dejado de lado esa energía y fuerza necesarias para emprender nuevas aventuras por muy irrealizables que parezcan al principio.

Soñar es ilusionarse de nuevo, levantarse después de un tropiezo, volver a creer…volver a crecer.

Cuando soñamos comenzamos a fantasear y a imaginar cómo sería nuestra vida en tales o cuales circunstancias. Es algo tan placentero... Pero ese sueño que no tiene coste y es totalmente gratis puede quedar vacuo al no llegar a materializarse. ¿Te imaginas que pudiera hacerse realidad?, ¿que todos esos sueños que has ido anhelando tuvieran un sentido?, ¿que se concretaran?, ¿que llegaran a una meta? No, no hablamos de magia, ni estamos fantaseando. Esto de lo que te hablo nada tiene que ver con el azar ni con la posición en la que se encuentren los astros. Aunque está claro que si quieres que te toque la lotería tendrás que jugar antes. ¿O eres de los que piensan que la Ruleta de la Fortuna sólo es para unos pocos? Para ganar hay que jugar, pero aquí —si juegas bien— ganas seguro.

¿Y si yo te dijera que eres tú el principal saboteador de tus sueños, el que les pone coto? Nos frustramos de antemano pensando en ese sueño que se quedó en el camino, que empezó como una idea, una ilusión, pero nunca llegó, no fue... Dicho de otra forma: nos dimos por vencidos antes de que empezara pensando que era algo titánico, inalcanzable. Y eso nos sirve como justificación. Echamos la culpa de que no hemos logrado ese sueño a algo externo a nosotros: unas veces es la familia, la pareja, los amigos, la sociedad, el jefe… la crisis. Siempre habrá una crisis para echarle la culpa.

El sueño debe estar compuesto por la emoción —debes sentirlo—, y por la ilusión —el deseo de alcanzarlo—. Es decir, corazón y cabeza. Si no, no es un sueño, es sólo una fantasía o una simple meta como tantas otras, y no tiene nada que ver.

Tú y sólo tú eres el gran impulsor de tus sueños. Y aunque hay un sinfín de ocasiones que nos hacen pensar en abandonar, el sueño interiorizado te lleva siempre a moverte, a la acción, a participar de forma activa en el día a día. Dar cada día un paso, incluso pequeño, hacia su materialización. Por ello antes de nada tienes que centrarte en ti, idear tu propio plan personal y tener claro hacia dónde vas y hacia dónde querrías ir. Pero para participar en tu propio plan hay que pararse y pensar.

No sueñes en pequeño. Hazlo a lo grande,
siéntelo con cabeza y corazón...
No confundas fantasías con sueños.

Luego habrá que poner ese sueño en movimiento, con acciones. El sueño necesita «patas» para caminar. Y aquí es donde nos encontramos con otra palabra fundamental: la visión, que nos lleva a guiarnos o movernos en la buena dirección. Cuando una persona pasa del sueño a la visión experimenta eso que se llama determinación que no es otra cosa que la capacidad para hacer algo de una forma deseada, anticipada, con premeditación. La determinación provoca la fuerza que nos impulsa, nos pone en el camino y nos lleva a lo que nos hemos fijado como una meta.

Sueño+Visión+Determinación+Acción
Se inicia el movimiento

MI VISIÓN, ES DECIR, MI YO O SITUACIÓN IDEAL

La visión es algo más sencillo de lo que parece, es tan sólo la imagen ideal de lo que nos gustaría que sucediera. Y eso que tú ves no lo que ven los demás. Marca el rumbo que da sentido a las acciones del día a día. Es el foco, aunque el foco se mueve según te mueves. Se parece al horizonte que quieres alcanzar, lo ves pero según avanzas también se mueve. Nunca llegas a él pero te hace avanzar sin parar. La visión, en realidad, tampoco la alcanzas del todo pues cuando te acercas a la que te has fijado ya tienes otra, un nuevo reto, un nuevo camino. Si nos conformamos con la visión estaremos dejando de soñar, estaremos menos vivos, pues de lo contrario aparecerían nuevos horizontes.

A partir de ahí uno es plenamente consciente de la importancia y el impacto de lo que hace, o deja de hacer, para llegar adonde ha puesto su objetivo. Cada día se convierte en un pequeño reto, un gran desafío para probarse y demostrarse que puede, mientras ve a su alrededor a muchos otros pasando los días sin más perspectiva. No tienen foco ni rumbo y van donde sople el viento. Las personas que se encuentran en ese estado errático, cuando tienen interés en cambiarlo, son las que más me hacen creer en lo que hago para darles un poco de luz hacia su sueño. Cuando conectan con su sueño se agarran a él con fuerza.

Pero en tu caso si estás leyendo este libro, sabes que aunque el viento sople en una dirección que no te favorece, aunque el horizonte se llene de nubarrones, estás atento a tu rumbo y dispuesto a esperar el momento para seguir avanzando.

EJEMPLO PARA REFLEXIONAR
LA HISTORIA DE ÁNGELA PUMARIEGA

La metáfora del viento es muy real y se asemeja a la historia de Ángela Pumariega, una gran campeona olímpica de vela con quien he tenido el privilegio de trabajar.

Ángela asistió a una de mis conferencias y, sin que estuviese pactado, la invité a coger el micrófono para que contara sus retos y experiencias. Entendí que sería sumamente provechoso para la audiencia. Nos narró en qué consistió su preparación para competir en las olimpiadas, su nuevo escenario después de las mismas, y cómo la superación tiene que estar presente en todo. Ella sabe muy bien lo que es luchar contra viento y marea, «nunca mejor dicho». Es una persona íntegra, con valores que aplica cada día a cada aspecto de su vida; se encuentra siempre en continua evolución. Con un foco claro en lo que quiere conseguir. Después de ganar la medalla de oro de vela en los Juegos Olímpicos de Londres 2012, su modalidad de competición dejó de ser olímpica. Ángela, lejos de retirarse y vivir del pasado y los recuerdos, con su flamante medalla, puso el foco en otro reto: buscó otro barco y otra compañera de tripulación en una modalidad que no dominaba. Ángela demostró que cuando el viento no sopla en la dirección que queremos hemos de seguir trabajando para que cuando cambie, cuando se den otras circunstancias, nos encuentre bien preparados. Recuerdo una frase del gran Picasso que viene ahora como anillo al dedo: «La inspiración te tiene que pillar trabajando». Si te encuentra durmiendo o sesteando, ni ella se puede beneficiar de ti ni tú de ella.

Así cada día, cuando tienes una visión, un rumbo al que dirigirte, da igual el viento que sople, sabes maniobrar y esperar a que amaine el temporal para moverte hacia tu sueño. Encuentras la motivación adecuada. Y duermes feliz, habiendo hecho los deberes, satisfecho de lo realizado y sin parar un segundo: sólo pensando en los retos del día siguiente.

EL HORIZONTE DONDE SE ATISBAN TUS SUEÑOS

¿Crees que estamos hablando de fantasías?, ¿de simples parrafadas?, ¿de un libro más de desarrollo y coaching? De uno de tantos… Te ruego que tengas paciencia y visualices conmigo el horizonte de tus sueños.

Date unos minutos y piensa realmente qué es lo que quieres conseguir en la vida: tus aspiraciones, tus anhelos, tus preferencias. Tal vez lo que desees sea…

– Emprender un pequeño negocio.
– Cambiar de trabajo.
– Estudiar algo que te ilusione.
– Disfrutar más de ti o de la familia.

– Ser la persona que te gustaría ser.

– Si te dedicas al deporte, quizás quieras ver hasta dónde puedes llegar alcanzando tu máximo nivel.

La primera cuestión consiste en desearlo de verdad. Si no es así es necesario buscar algo que nos movilice por dentro, que provoque un primer empuje. Se trata de pensar y sentir cómo serías en tu mejor estado, cuál sería tu mejor versión, tu situación ideal: tu carta a los Reyes Magos. ¿Desde cuándo hace que no la escribes?, ¿no te da pena haber dejado esa ilusión en el camino? Porque yo te confirmo que los Reyes Magos existen. ¿No lo crees? Te explico: el Rey Mago eres tú con todo lo que eso implica y significa. Con tus hijos te las apañas para serlo, ¡ahora toca hacerlo contigo!

Aun así, tampoco es tan fácil como podríamos pensar porque muchas de las ideas que tenemos sobre nosotros mismos o sobre la forma de ver nuestro entorno o nuestro futuro no nos las hemos cuestionado. Las hemos aceptado como veraces y las hemos dado por válidas. Lo malo es que muchas de ellas se han convertido en creencias limitadoras pues pensamos que son la realidad, cuando pueden ser sólo una realidad o la de otros, pero no la nuestra. Hay que limpiar este filtro y ponerse de verdad a soñar sin trabas, asegurarnos que estos techos tan sutiles no limitan nuestro proyecto de vida. Luego ya tendremos que aterrizar nuestros sueños. Lo que no podemos es aterrizar justo antes de despegar. En primer lugar hay que alimentar esa energía para ver un mundo lleno de posibilidades, con más opciones de las que a simple vista pudieran aparecer. Luego, el entorno y nuestro saboteador interno, esa sombra que nos acompaña y que a veces se convierte en protagonista, ya nos recordará que no los podemos conseguir. Recuerda que si nos posicionamos en el «Yo soñado» o «Yo esencial» la sombra se irá, poco a poco, desvaneciendo.

EJERCICIO SUEÑOS Y VISIÓN

Este es un trabajo que tiene que partir de ti. Te ruego que hagas conmigo este ejercicio. Toma lápiz y papel y apunta cuáles son tus ideas genuinas y cuáles crees que pueden venir de creencias que no son tuyas:

Lo que les gustaría a las personas cercanas que hiciera para ganarme la vida	Lo que me gustaría hacer a mí si volviera a elegir libremente para ganarme la vida
1–	1–
2–	2–
3–	3–

Lo que les gustaría a las personas cercanas que hiciera con mi vida	Lo que me gustaría hacer a mí realmente con mi vida
1–	1–
2–	2–
3–	3-

Después de esta toma de contacto podemos profundizar más para pasar de nuestros sueños a nuestra visión. La misma estará impregnada e impulsada por nuestros valores y propósito de vida, por nuestra misión. Ahora crearemos una primera imagen más vaga para después, cuando ahondemos en nuestros talentos, valores y propósitos, declararla bien.

Sugiero un ejercicio sencillo pero revelador, que consta de las siguientes partes:

✓ Dibuja un paisaje estimulante y motivador con una casa y un lugar de trabajo dentro de ese contexto. No hace falta que sea un dibujo bonito, sólo lo tienes que entender tú, tiene que significar algo para ti. Incorpora aquellos elementos que te hacen sentir bien alrededor de la casa y en el camino al trabajo o a donde entrenas o compites. En ese escenario, anota algunas palabras que te estimulan para ver tu situación ideal futura.

✓ Una vez que has hecho tu dibujo, cierra los ojos y relájate, simplemente contando hasta diez respiraciones sin pensar en otra cosa. Después visualiza la foto de tu dibujo para conectar más con tu «Yo soñado». Incorpora movimiento a esa foto, colores, sonidos, personas, pasa de una foto a una imagen viva. Siente las emociones que eso produce y desde ahí visualiza cómo sería un día dentro de ese dibujo. Cómo saldrías de esa casa y cómo sería el trayecto hasta ese trabajo. Dónde te pararías, con quién hablarías, cómo llegarías a tu destino y cómo sería un día ideal que te hiciera sentirte plenamente satisfecho. Después de ese día completo y redondo, imagina que vuelves a casa: ¿cómo sería disfrutar en casa?, ¿cómo estaría decorada?, ¿quién estaría dentro?, ¿qué conversaciones tendrías?, ¿imaginas cómo sería tu vida ideal en ese contexto? Con esas imágenes vividas en tu mente vuelve a conectar con tu respiración, haciendo algunas más lentas y profundas. Abre los ojos. Vuelve al aquí y ahora.

✓ Ahora escribe y anota en el dibujo lo que has vivido y sentido. Pueden ser sensaciones, ideas, proyectos, emociones… Pon en la parte de atrás una breve declaración de tu vida soñada, de tu visión.

Conserva ese dibujo para volver a él con el redescubrimiento de tus talentos, valores y propósito, para darle la pincelada final.

EJEMPLO PARA REFLEXIONAR
UN SUEÑO HECHO REALIDAD

Cuál fue mi sorpresa cuando un día vi una entrevista en el diario *El País* en la que un jugador de fútbol decía que yo le había ayudado en su desarrollo y ascenso deportivo. Se trataba del jugador de fútbol Michu. Hace cuatro años, en el momento de la entrevista, a mitad de temporada, era el máximo goleador en la Premier, la primera división de fútbol de Inglaterra y era la sensación del momento.

Cuando trabajé con este deportista era de los mejores del Celta de Vigo, pero no estaba jugando de titular. Lo que aquí explico salió publicado en prensa y por tanto respeto la confidencialidad del coaching, algo fundamental. Le habían hecho una oferta en el Sporting de Gijón de varios millones de euros. Primero pensó en aceptarla pero luego se echó atrás porque él era aficionado y seguidor del Real Oviedo y como había mucha rivalidad entre ambas aficiones prefirió ser fiel a sus principios. Quiso ser coherente con sus valores. No quería que su afición le echara en cara haberse pasado al equipo rival habiendo dado tantas muestras de cuál era el equipo de su vida. Sin embargo, ese cambio hubiera sido la gran oportunidad de jugar en Primera División. Cuando tomó la decisión se quedó tranquilo, pero pronto surgieron las dudas. Empezó a plantearse si había hecho bien. Le habían ofrecido mucho dinero. ¿Y si ese era su único tren?, ¿y si se lesionaba? Con todo esto en la cabeza empezó a descentrarse.

Como Michu dijo en la prensa, yo estaba trabajando con su entrenador, Eusebio Sacristán, quien comentó al equipo y a algunos jugadores la conveniencia de trabajar coaching para alcanzar el máximo nivel. Estuve trabajando con el equipo del Celta de Vigo y también con varios jugadores de manera individual. Cuando empecé a trabajar con Michu él se encontraba en esa situación que describía líneas más arriba. Lo primero fue intentar ayudarle a recuperar la confianza y a creer en sí mismo. Una vez superada una primera fase, fui más allá. Comencé a trabajar en sus sueños. Hicimos visualizaciones sobre su mejor versión y cómo sería su partido ideal, su momento de plenitud. Le preguntaba: «¿a ti dónde te gustaría llegar?» Él quería ser titular en su equipo. Yo le decía: «eso, a poco que te centres o que te esfuerces, lo vas a conseguir» Dime algo más allá, ¿cuál sería tu sueño? Le invité a que buscara dentro de sí el sueño pequeño para liberarlo y hacerlo mucho más grande.

Muchas personas ven este tema como una quimera, como si tuviera que ver con algo parecido a la magia.

Yo le decía que sintiera su sueño desde muy adentro porque cuando se visualiza no entra sólo en el cerebro sino que se expande por todas las células del cuerpo. Esto está demostrado. Da motivación y energía. Y mientras intentaba que se soltara, le seguía preguntando sobre cuál sería su mayor sueño. «Si, como en las películas, tuvieras una varita mágica, ¿cuál sería tu mayor deseo?». Al principio me daba la impresión de que él pensaba que todo eso eran tonterías, pero yo seguía insistiéndole para que indagara en lo que querría llegar a conseguir. Le decía que podría tomárselo como un juego de escribir su carta a los Reyes Magos.

¡Cuánto nos cuesta sacar nuestro lado infantil y sin ataduras! Cuando es ahí donde radica la verdadera esencia. El lugar donde están las ilusiones, donde se esconde la verdadera pasión… Esa parte fundamental de nuestra esencia la ha tapado nuestro desarrollo y nuestras creencias sociales, familiares, convencionales… adaptándonos a moldes que nada tienen que ver con nosotros. Desde ahí no hay pasión, ni emoción… nos convierte en una especie de vegetales que van por la vida como autómatas; por eso la gente está tan perdida y tan triste en estos momentos, porque no tienen ilusión, se han olvidado de ese niño que llevaban dentro, no tienen nada suyo y se están desnaturalizando. No han perdido su naturaleza pero esta se ha quedado en algún lado de la vida. Han olvidado su esencia.

Siguiendo con Michu y sus sueños. Me decía: «Tal vez jugar en Primera…» Vale, y si nadie te oyera, dime cuál sería ese sueño que ahora consideras muy lejano y casi inalcanzable. Y entonces él me contestó: «Bueno, en realidad, mi sueño sería jugar en la Primera División de Inglaterra». Este es un sueño que tienen muchas personas que se dedican al fútbol, la liga inglesa es un referente en muchos sentidos; allí se vive el fútbol de una manera muy especial. Le pedí que me dijera qué sentía al pensar en ello. Y luego di un paso más allá y le dije: «Ahora que te estás soltando a soñar, ¿cuál sería el sueño más grande que tendría un futbolista como tú, cuál sería…?».

Al ir a su esencia, a su ilusión más grande, él me expresó que «lo más de lo más» sería jugar en la Selección Española de Fútbol. Ese sería el sueño de cualquier futbolista, de cualquier niño… Pero también me comentó, «vamos a ver, esto es algo totalmente surrealista. Ni siquiera estoy en primera división. ¿Cómo voy a llegar a ser seleccionado para la Selección?» … Del sueño pasamos a la visión y de ahí a metas concretas. Unas eran en los entrenos de cada día o estaban relacionadas con su alimentación y salud, otras tenían que ver con sus relaciones y tiempo libre… Bien, pues esta persona lo consiguió todo. Y obviamente no fue por mi trabajo, aunque haya sido muy agradecido y generoso públicamente al nombrarme, sino por su enorme disposición, por querer explorar nuevas vías de crecimiento y por su determinación en fijar y cumplir los objetivos que acordamos, y otros que le llevarían hacia sus sueños. Eso sí, estoy seguro de que le ayudé a redescubrirlos y recordarlos.

Después de volver a ser titular en el Celta de Vigo lo fichó el Rayo Vallecano en primera división y fue uno de los más destacados de la liga, se convirtió en uno de los máximos goleadores. Luego pasó al Swansea en Inglaterra y al Nápoles con Benítez. Llegó a cumplir su sueño de jugar con la Selección Española de Fútbol. Después también llegaron las temidas lesiones y hoy está recuperando su mejor nivel en el Real Oviedo, el equipo de sus amores, donde empezó y por el que renunció a todo menos a sus valores.

Objetivos y esfuerzos
van de la mano del sueño.

Este ejemplo de un sueño que parece irreal no es tan fácil de materializar. Está claro que requiere de mucho esfuerzo y trabajo, pero el que se compromete y se entrega de lleno lo puede conseguir. Lo he visto en varias ocasiones con personas con las que trabajo, como este ejemplo o con Carolina Marín. O con el entrenador Eusebio Sacristán, que también está viviendo su sueño en este momento en la Real Sociedad de San Sebastián, clasificada entre los primeros de la liga. Eusebio también tenía un sueño y una visión como entrenador. A base de esfuerzo y mucho trabajo la está viviendo.

Como vemos los sueños más desatados se pueden cumplir. Una vez que la persona tiene su sueño y se lo ha imaginado hay que procesarlo a través de la visión. Después es necesario bajarlo a objetivos y a tareas concretas. Aspecto que veremos con más detalle en capítulos posteriores.

CAPÍTULO 5

CONECTA CON TUS VALORES Y DESCUBRIRÁS TUS TALENTOS

—Yo no sería capaz de hacerlo.
—Aunque no lo creas, tú también puedes hacer cosas grandes, cosas diferentes.
—No lo creo. Los demás son mejores que yo.
—Sólo tienes que descubrir y lucir el tesoro que tienes dentro, tus talentos.

Decía Francis Bacon que un hombre sabio se procurará más oportunidades de las que se le presenten. Y así es. Solemos compararnos con los demás y siempre salimos perdiendo. Creemos que son los otros los portadores de talentos, de creatividad, de «duende». Nos encanta cómo hablan, cómo se mueven, cómo visten... Pero todos, absolutamente todos, tenemos muchos talentos esperando despertar y salir a la luz. El problema son los miedos, los sentimientos de inferioridad, las inseguridades...

Los talentos son esas cualidades destacadas que una persona posee de forma natural o con el potencial suficiente para hacer que brillen con la práctica. Para algunos el talento es lo innato, sin embargo, también es aquello que se desarrolla hasta un nivel extraordinario. Si no fuera así ¿cómo sabríamos si ese gran músico o ese gran deportista, ha llegado a destacar sobre los demás?, ¿porque ha nacido con esos dones o porque ha dedicado miles de horas, más que otros, a cumplir su sueño? Por tanto, todos tenemos talentos. Se trata de aquellos aspectos en los que realmente nos distinguimos. Algunos se muestran y están dentro de una forma más pulida y otros se hallan aún sin pulir lo suficiente.

Todos poseemos un potencial para desarrollar ciertas habilidades que, con la motivación y repetición adecuadas, pueden convertirse en cualidades destacadas o talentos. Los talentos se convierten en nuestras fortalezas si nos esforzamos para que luzcan de una manera constante.

Los valores, las habilidades y los talentos están relacionados. Todos pueden llegar a ser fortalezas si los desarrollamos de una forma constante y destacada. Pasan a ser por tanto elementos positivos que nos distinguen de los demás.

LOS VALORES

Los valores son las cualidades morales individuales que nos orientan en nuestros comportamientos y crean nuestra identidad. Pueden ser innatos o desarrollarse con la intención y la práctica, al igual que he apuntado con el talento. Son muy importantes para que fluyan nuestros talentos pues crean el camino adecuado donde florecen. La palabra valor viene del latín *valoris* que significa, fuerza, fortaleza, y en ellos debemos apoyarnos para sacar lo mejor que tenemos. Junto con nuestros talentos y habilidades destacadas, creamos nuestras fortalezas.

Es fundamental que cada uno identifique sus valores y los viva, pues ellos van a ser una parte muy importante para que afloren los talentos en vez de que se queden latentes, sin brillo.

Para ello os propongo un listado de algunos valores fundamentales, según un muestreo de personas que son referentes y ejemplo en la vida, empresa y el deporte. No están organizados de manera jerarquizada. Cada persona tiene los suyos por orden de preferencia, eso es lo que hay que poner en la segunda tabla. Recomiendo no elegir de entrada más de cuatro o cinco pues luego hay que aplicarlos y vivirlos cada día.

VALORES HUMANOS DE REFERENCIA

- Honestidad
- Respeto
- Amor
- Superación
- Responsabilidad
- Humildad
- Pasión
- Libertad
- Justicia
- Valentía

VALORES PROPIOS

1-

2-

3-

4-

5-

Después de haber reflexionado y hecho una selección de los más importantes en nuestra vida, el siguiente paso es tenerlos presentes en cada comportamiento, no de palabra. Se trata de vivirlos y que sean un sello, lo que va a caracterizarnos por nuestros actos, no por nuestras palabras. Eso nos diferencia de los farsantes oradores y habladores, «parlanchines» y «embaucadores de feria» que van pregonando lo que hay que hacer aunque ellos, cuando nadie les ve, hacen lo contrario, impostando todo el tiempo.

Cuando una persona no vive acorde a sus valores, su ser está en desequilibrio, sea consciente o no. Esa es la causa de muchas malas sensaciones que aparecen sin saber de dónde surgen realmente. Vivir los valores es una de las claves del bienestar y la autorrealización personal. Produce fortaleza, tranquilidad. Es ese «Yo esencial» que emana para impulsarnos hacia nuestros sueños.

Desde que empecé a tomar conciencia de la importancia de estos aspectos para el manejo de mi vida he procurado tener mis valores claros y muy presentes cada día. Cuando alguien me pregunta qué es lo que me ha llevado a tener éxito con las personas con quienes trabajo siempre digo lo mismo: aplicar lo que dices, ser coherente a tus valores, vivir tu «Yo esencial». Esa es la gran base. Y no tengo inconveniente en compartir mis valores esenciales, los que me proyectan a mi visión, mi «Yo soñado», gobiernan mi vida y dan sentido a mi propósito:

–**Honestidad.** Y no hablamos sólo de ser honesto en el sentido de no robar, etc. sino en cosas más pequeñas y sutiles como cumplir lo que se dice, ser coherente, no prometer lo que no vas a cumplir… porque eso es engañar.

–**Respeto.** Hay muchas personas que no piensan como uno, pero eso no significa que estén equivocadas ni que lo que ellos tengan que decir sea menos relevante. Al contrario, hay que escucharles con atención y consideración sabiendo que se puede aprender de ellas. Y eso es aplicable a cualquiera, al margen de su nivel social, económico, su origen, etc.

–**Disfrutar.** Para mí es importante no sólo disfrutar de lo que hago sino de cualquier momento y situación y con cualquier persona. Disfrutando se aprende más, todo fluye y el estado de ánimo se encuentra en forma. Hay muchas personas cuyo objetivo es el contrario, buscar problemas a todo y sentirse mal, en esos casos lo mejor es alejarse de ellas.

–**Justicia.** Los méritos de cada uno deben ser reconocidos y valorados, es decir, que cada uno tenga lo que le corresponde. Es desalentador ver que hay personas que trabajan duro y luego no consiguen aquello que se merecen y por lo que han luchado debido a argucias y tretas de otros.

–**Relaciones.** Nuestros valores y habilidades se manifiestan y fortalecen cuando los ponemos en escena con otras personas. A través de las relaciones aprendemos, nos desarrollamos y se dan los episodios más gratificantes de la vida como los buenos momentos compartidos, la amistad, el amor, la familia, etc. Estos valores procuro que estén presentes en mi vida de forma trasversal aunque también en determinadas áreas hay otros que cobran protagonismo.

Una vez que tenemos claros nuestros valores y los vivimos estamos despejando el camino para que aparezcan nuestros talentos y propósitos.

CÓMO DESCUBRIR
LOS TALENTOS

A veces me sorprende ver la cantidad de excusas y frenos que nos ponemos para descubrir nuestros talentos; nos centramos más en lo que nos falta que en lo que ya tenemos. Y mientras uno siga pensando que el don o el talento lo tienen otros, seguiremos poniendo mil y una trabas. No avanzaremos en nuestro propósito vital ni en nuestros objetivos. Pero ¿cómo describir nuestros principales talentos?, ¿hay un método efectivo? Por supuesto que sí, hay muchas formas...

La mayoría de la gente no sabe muchas cualidades destacadas que atesora porque no se conoce lo suficiente o le falta perspectiva sobre sí mismo. A veces porque tampoco se han probado o no lo han intentado lo suficiente. Hay personas que sí lo tienen claro. Por ejemplo, si alguien sabe hablar bien en público es plenamente consciente de ello pero hay otras personas que no tienen ni idea de lo que podrían transmitir delante de un escenario si superaran ciertos límites o tuvieran la práctica adecuada. Su sola presencia, aunque sean personas tímidas, ya trasmite y no son conscientes de ello. En ese sentido, lo que perciben los demás nos da indicadores muy claros de cuáles son nuestros talentos.

Para que afloren los talentos es útil indagar en nuestros valores y habilidades, pues se relacionan y retroalimentan unos con otros. Ese aspecto nos coloca en un estado más favorable para descubrirlos.

Podemos utilizar estas tres vías para identificar talentos, habilidades y valores:

1.–Estado de *Flow*. Se trata de rescatar lo que a una persona se le da bien de una manera natural, donde el tiempo pasa sin darse cuenta y disfrutando. Es cuando no hay que pensar porque las situaciones suceden sin esfuerzo, se está a gusto, sin pensar en el tiempo… fluyendo.

2.–Situaciones de plenitud. Recordar situaciones donde la persona ha tenido experiencias muy gratificantes que le han llevado a un estado de bienestar y satisfacción plena. Momentos donde se ha conseguido algún logro significativo o se ha ayudado a alguna persona haciéndonos sentir orgullosos.

3.–Recuerdos de la niñez o de cuando éramos jóvenes. Momentos muy gratificantes que recordamos, incluso alguna foto, donde realizábamos alguna actividad que nos satisfacía plenamente. O situaciones y encuentros con personas que recordamos con especial cariño.

EJERCICIOS PRÁCTICOS

EJERCICIO DE IDENTIFICACIÓN DE VALORES Y TALENTOS

Se podría realizar simplemente conversando y describiendo esas situaciones, pero para conectar de una manera más auténtica y profunda vamos a realizar una breve relajación para después guiar a la persona a través de una visualización. Este sería un ejemplo:

✓ Siéntate cómodo en la silla. En primer lugar cierra los ojos para no distraerte con estímulos externos y lleva la atención a los puntos de apoyo de tu cuerpo, en la silla y en el suelo. Si notas alguna tensión relaja esa parte, diciendo mentalmente: «mis hombros relax». A continuación, centra tu atención en la respiración y cuenta hasta diez respiraciones sin pensar en otra cosa.

✓ Desde este estado de mayor concentración y relajación, recuerda un momento donde te hayas sentido plenamente feliz, donde estabas muy orgulloso de ti y todo fluía. Te sentías en una nube. Imagina una foto de esa situación y descríbela en más detalle. Responde a estas preguntas:
–¿Qué es lo que te hacía sentirte tan bien?
–¿Qué hiciste tú, en concreto, para llegar a esa situación tan pletórica?
Describe acciones o comportamientos.
–¿Qué más aportaste?
–¿En qué pilares o valores te apoyaste para conseguirlo?
–¿Cómo te sentías?
–¿Qué sentías?

✓ Después vuelve a conectar de nuevo con tu respiración y lentamente vuelve al aquí y ahora. Anota en un papel esas sensaciones y lo más importante para ti de ese momento.

Con estos ejercicios tenemos una primera toma de contacto con algunos aspectos importantes que nos han llevado a un estado de plenitud y satisfacción. Pueden salir valores, habilidades y talentos que marcan nuestro estilo, comportamiento e identidad.

Además de las dinámicas anteriores, considero muy importante que la persona que quiera conocerse mejor, saber sus puntos fuertes y oportunidades de mejora realice un ejercicio de *Feedback 360º*.

Feedback 360º es una herramienta fundamental para identificar y desarrollar los talentos. Para que sea realmente útil considero necesario hacerlo de forma anónima y confidencial para que puedan expresarse libremente. Ni que decir tiene que toda esta información debe ser absolutamente confidencial. Sólo para el interesado y su coach.

Pasos para hacer un buen *Feedback 360º*:

–Objetivo: Conocer el «Yo soñado», la visión, la situación ideal de la persona o de su equipo o trabajo si es en ese contexto.

–Crea un cuestionario que esté alineado con esa visión, es decir que recoja los pilares y valores que necesitarías para lograrla. Ese cuestionario tienes que hacerlo con preguntas medibles y observables de comportamientos. Por ejemplo, si un aspecto importante fuera el trabajo en equipo para lograr esa visión, una pregunta sería: «¿Cumples lo que se te ha pedido y acordado dentro del equipo?».

–Selecciona un grupo de personas que te conozcan lo suficiente para opinar sobre tus comportamientos.

–Envía ese cuestionario *online* a las personas elegidas desde alguien externo, no desde la persona que recibe *feedback* ni desde su empresa. Conviene que lo gestione alguien externo para que procese la información y elabore un informe.

–Con el informe resultante identifica tus talentos, fortalezas y áreas de mejora alineados con la persona que quieres ser, con tu «Yo soñado». Analízalo con un coach o alguna persona preparada fuera del entorno; eso ayuda a ganar perspectiva y a elaborar un plan de acción en esa dirección.

También se puede hacer el *Feedback 360º* de una forma más rápida y «casera», preguntando el interesado directamente a las personas que le den *feedback* sobre los aspectos en que destaca y que puede mejorar. Se envían por escrito a su correo y sólo debe dar las gracias sin justificarse en nada. No es lo idóneo pero al menos es un inicio, aunque normalmente no se suele recibir una información tan rica y auténtica como cuando se hace de forma anónima y confidencial. Esto está bien para quien está empezando a conocerse de verdad.

Cuando la gente repite varios aspectos que les gustan de nosotros, ahí podemos tener una muestra clara de nuestros talentos, habilidades y valores, es decir, de nuestras fortalezas. También puede ocurrir lo contrario, que insistan en varias cosas que no les gustan o que se podrían mejorar. No hay que verlo como crítica sino como oportunidades de desarrollo.

Con esta información ya tenemos un mapa de ruta para adentrarnos más en nuestro «Yo esencial», nuestra identidad, o sea, quiénes somos y en qué destacamos. Si esta información tan enriquecedora la conectamos con el propósito vital, estaremos pletóricos de fuerza y energía para impulsar nuestra visión y alcanzar nuestro máximo nivel, nuestros sueños y nuestra mejor versión.

EL PROPÓSITO

El propósito emerge de ti, está en tu «Yo esencial», en quién eres. Es lo que finalmente da sentido a la vida, además de ilusión y satisfacción en lo que hacemos en el día a día, incluso aunque sean cosas poco apetecibles.

El hecho de conocer bien nuestros valores y talentos nos ayuda a descubrir nuestro propósito, porque ya está dentro de nosotros, no hay que crearlo como la visión. Es aquello que nos define y diferencia, nuestro sello inconfundible... y cobra vida auténtica cuando lo compartimos con otros. Lo vivimos cuando «regalamos» a los demás lo mejor que tenemos, cuando esos dones, esos talentos, los ponemos al servicio de otras personas a quienes les será de ayuda. Por eso hay que entender la grandeza de lo que decía Jodorowsky: «Lo que das te lo das y lo que no das te lo quitas».

Para descubrir y definir el propósito, lo habitual es que haya que ir quitando capas e integrarlo con los valores y talentos. Es un proceso en el que también nos puede ayudar responder a estas frases:

–Si pudiera hacer una cosa en mi vida sería...
–Si pudiera hacer una contribución importante en mi trabajo o deporte sería...
–Algo que me gustaría cambiar en mi alrededor sería...
–Si pudiera cambiar algo en el mundo sería...

–Si mi vida se acabara en un año y quisiera ayudar a alguien, ¿qué haría?

–Si no necesitara dinero para vivir y empleara mi tiempo aportando mi conocimiento y experiencia, ¿con quién lo haría?, ¿dónde lo haría?

–Si tuviera que donar una gran fortuna ¿qué criterios seguiría para dar mi dinero?

–¿Qué cosas que hice me gustaría que recordaran de mi cuando ya no esté?

–¿Qué legado es el que me gustaría dejar?

–En definitiva, ¿para qué existimos y para qué estoy yo aquí?

Estas cuestiones nos ayudan a reflexionar y guiarnos hacia lo más hondo de nuestra esencia, para tener una vida con sentido. Cuando eso ocurre, incluso en las peores circunstancias, encontraremos un motivo para luchar, para salir adelante. Esto es lo que le pasó a Viktor Frankl, psiquiatra austriaco que estuvo prisionero en un campo de concentración nazi, quien lejos de resignarse encontró motivos para sobrevivir y afrontar las penurias de cada día. A partir de esa experiencia escribió un libro donde lo narra titulado *El hombre en busca de sentido*. También creó un método conocido como la logoterapia, una terapia de enfoque humanista–existencial donde la persona está en constante desarrollo y relación con su medio, por lo que continuamente tiene que afrontar situaciones y dar respuesta a lo que sucede. Cuando se tiene un propósito claro se abordan con entereza los desafíos diarios y hay un buen criterio a la hora de tomar decisiones, alineadas con los valores. Y cuando en la vida no se tiene ese rumbo de la visión ni esa brújula del propósito y valores que te guían, aun teniéndolo todo, nunca es suficiente.

LA VISIÓN DEL ÉXITO

En una de mis clases, pregunté a mis alumnos si el éxito que tenían en su vida tenía algún sentido. Si les satisfacía realmente.

Había división de opiniones aunque la mayoría asociaban éxito a una buena posición económica y jerárquica. Pero eso no necesariamente es un éxito con sentido ni suele ser duradero. Sólo lo es cuando el éxito externo va acompañado del éxito interno, cuando tiene un significado real. De lo contrario, ese éxito es efímero y dura lo que tardan en apagarse los ecos. Un ejemplo claro es cuando asociamos el dinero al éxito. Si alguien piensa que con el dinero de el Gordo de la lotería va a conseguir la felicidad le puedo asegurar que en dos años será mucho más infeliz de lo que era antes de que le tocara porque sin éxito interno, sin una vida con sentido, todo lo que hace se convierte en un completo y absoluto hastío. Hay varios estudios que lo demuestran y además pude comprobarlo de forma directa con una persona que tuve en sesiones de coaching y al que le había tocado la lotería un año antes. Estaba lleno de dinero pero vacío de espíritu, acomodado, sin ansias de esforzarse ni plantearse ningún reto. Consideraba que ya lo tenía todo y en realidad no tenía casi nada. Creía que con probar las cosas ya las conocía y experimentaba. Iba de sensación en sensación. Este ejemplo ilustra perfectamente ese dicho: había una persona tan pobre, tan pobre que sólo tenía dinero. Las personas se cansan y vacían sin hacer nada, si no tienen algo que mueva sus vidas. Hay que encontrar una causa que nos haga conectar con nuestro propósito, nuestros valores y talentos para desde ahí seguir persiguiendo nuestros sueños. Con esos recursos, la energía se renueva cada día para empezar de nuevo.

FORMAS
DE CONECTAR

Cuando tengo sesiones de coaching, con deportistas o directivos, el termómetro de fondo relacionado con lo que hacen y el sentido que aporta a sus vidas es bastante bajo. Noto que muchas personas tienen un vacío grande y mucha insatisfacción al margen de tener más o menos dinero o éxito. Es otro tipo de vacío que produce el ir de un lado para otro sin rumbo, no tener tiempo para lo que les gustaría, estar con las personas más queridas, no estar viviendo la vida que desearían. ¿Por qué? Es lógico, porque intercambiamos tiempo por dinero. Y el dinero jamás nos puede llenar ni dar la satisfacción plena, aunque al principio ayude.

Al final, entre todos, nos hemos montado un tinglado en el que:

–Dedicamos tiempo para recibir un dinero.

–Con ese dinero compramos más cosas.

–Cuantas más cosas compramos más necesitamos.

–Esas cosas nos demandan más tiempo y trabajo para mantenerlas.

Y eso se convierte en una prisión.

La crisis que hemos pasado creo que ha tenido su lado positivo porque ha hecho que muchas personas se replantearan ese modelo tan vacío y materialista. Esa especie de espiral que no tenía ningún fin ha provocado que la gente conectara más con aquello que era realmente importante en su vida, bien porque les han despedido o bien porque llegaban a unos límites dentro de la empresa absolutamente insostenibles. La crisis, en muchos sentidos, ha despertado y dado claridad a muchas personas porque les ha sacudido esa inercia, ese «Yo durmiente» donde íbamos en automático. Cuando llegas a una encrucijada del tipo que sea es cuando te planteas: ¿pero yo adónde voy?, ¿qué estoy haciendo?, ¿para qué?, ¿y si me despiden como a otros aun dejándome la piel? Al final te quedas sin nada; y el que tenía trabajo ha tenido que machacarse para hacer el trabajo de tres personas más y sin poder quejarse. Y encima estando agradecido, pero ¿para qué ha servido realmente? Esto ha llevado a muchas personas a conectar de forma vital con su sentido de la vida y sus valores para desde ahí centrarse en sus talentos y aprovecharlos de verdad. La otra opción no llevaba a ningún sitio y, además, no depende de uno. Lo que yo intento en coaching es hacer ver al otro qué aspectos dependen realmente de uno mismo para que eso sea el eje de la vida. Y desde tu «Yo esencial» acabas viendo que por fin tú puedes manejar tu vida.

Un día en mi despacho tenía una sesión con una persona que gozaba de un puesto importante dentro del mundo de las finanzas. Me decía: «tengo un cargo relevante dentro de la empresa y bien remunerado pero esto me está amargando la vida. Lo estoy llegando a aborrecer. Está claro que podría cambiar de empresa para, en un año, sentirme igual, cuando lo que yo quiero es montar mi propio negocio, algo pequeño que pueda manejar yo y en el que tome mis propias decisiones, donde pueda gestionar mi propio tiempo». Había pensado en montar una pequeña empresa de cultivo y venta de productos ecológicos porque decía que el campo le gustaba y se le daba bien. Además, consideraba que tenía talentos en esa faceta pues entendía bien cómo funcionaban los ciclos de la naturaleza y los cuidados que se necesitaban para una buena producción, e incluso había dado sus primeros pasos con un familiar para ver si eso le atraía. Ese proyecto le ilusionaba y le daba un sentido a su vida como siempre había soñado. Hizo una transición comunicándolo en su empresa y finalmente emprendió ese proyecto.

Muchas veces nos cuestionamos nuestra vida laboral. ¿Por qué? Porque nos hemos olvidado de nuestra misión, de nuestro propósito en la vida y en el trabajo. Perdemos la perspectiva de para qué estamos aquí, y cuáles son las cosas que realmente nos mueven y hacen felices.

A mí me ocurrió lo mismo. Como contaba al inicio de este libro, lo mejor que me pasó en mi vida fue cuando me despidieron de una empresa. Yo tenía un buen sueldo como director de Recursos Humanos y cuando me cesaron mi primera reacción fue buscar un trabajo rápido. Pero como tenía una pequeña reserva de la indemnización y el paro pensé: «Vamos a ver, para los caballos y dale una vuelta a ver qué quieres hacer con tu vida, qué es lo que quieres y cómo te gustaría verte en unos años. Porque si sólo vas a tapar el hueco económico y el social por el qué dirán los demás...».

¡Claro que tuve esa sensación de sentirme un perdedor al pasar de ser director a estar parado, en casa! Es duro, sí. Pero hay que armarse de valor y dejar de preocuparse por lo que otros pensarían. Eso es vivir de cara a la apariencia y la sociedad. En esos momentos no estamos viviendo nuestra propia vida sino la de los demás. Desde esa postura nunca nos vamos a llenar, desde ahí nos vamos a vaciar porque nunca vamos a llegar a todo, siempre nos faltará algo.

Por eso, en ese momento, paré y me dije: «No te precipites, Juan Carlos. Piensa en lo que quieres hacer con tu vida, no en lo que los demás quieren que hagas». Y desde ahí trabajé en poner en primer plano mi visión, mis valores, mis talentos y mi propósito. ¿Cómo?, pues con mi visión, pensando en primer lugar en cómo me quería ver en los próximos años, soñando con mi situación ideal, en qué trabajo o actividad me gustaría estar... Y también si quería que mi vida dependiera de que un buen día llegara otro director general a despedirme al margen de mi rendimiento en el trabajo, por los llamados ajustes de personal o por su arbitrariedad, o para poner a personas de su confianza. También me centré en mis valores identificando aquello que me daba equilibrio y tranquilidad en mi vida, lo que me hacía sentirme bien y sacar lo mejor de mí. Si yo tenía más control de mi propia vida lo conseguiría más. Reflexioné sobre mis talentos y me pregunté qué tenía yo para ofrecer al mercado, qué podía hacer bien para ganarme la vida donde me pudiera diferenciar de la mayoría, y ahí descubrí mi vocación: entender las necesidades de las personas, sus inquietudes, aportar luz en ese camino, contribuir a su desarrollo, a que sus vidas y actividad fuesen mejores. Esto me conectaba finalmente con mi propósito de compartir mis valores y talentos con los demás para que pudieran encontrar otras vías de evolución y bienestar. Y desde ahí se cumplía también uno de mis sueños: poder dedicarme a esto y ganarme la vida así.

Para no olvidarme que estoy viviendo mi propósito, cada año dedico una parte de mi trabajo a colaborar con alguna causa desinteresadamente, donde hago mi trabajo sin recibir dinero a cambio. Y lo hago tanto en alguna empresa sin ánimo de lucro o asociación, como en el deporte, con algún deportista o club que no tiene recursos para pagarlo. Sé que estoy viviendo mi propósito de verdad porque lo hago encantado, incluso aunque tenga mucho trabajo remunerado, no lo excluyo de mi agenda por ese motivo. También sé que lo iré ampliando cada vez más y que no sólo lo haría sin cobrar si no necesitara el dinero, sino que hasta pagaría por hacerlo.

En mi caso, tuve una cosa clara y me dije: «En una multinacional ya no veo mi futuro, desde luego que no, quiero tener más influencia en lo que pasa y no perderme en una gran estructura». El trabajo en grandes empresas me sirvió. Fue un ciclo en el que aprendí mucho sin duda. Y en esas cábalas fue cuando conecté con mi visión y propósito. Pensé: «Creo que se me da bien ayudar a la gente a que mejore y tengo claro que si yo no necesitara dinero, si el dinero no fuera una pieza fundamental, me sentiría muy bien haciendo ese trabajo». Y elegí ayudar a que la gente hiciera las cosas mejor. Y desde ahí empecé a indagar y a estudiar el escenario que tenía tanto en la sociedad como en el mundo laboral. Quería algo que tuviera que ver con la humanidad. Me visioné levantándome por la mañana feliz por hacer un trabajo gratificante, donde aprendía y disfrutaba, ayudando a personas para darles ideas y herramientas para trabajar mejor. En aquel momento estaba en una empresa de *outplacement* que es una especie de consultora que te ayuda a buscar trabajo. Me lo había pagado la empresa que me despidió, un buen gesto pues no era lo habitual. Y recuerdo que estaban buscándome entrevistas para un puesto en grandes empresas. Fui a algunas entrevistas, y aunque me contaban maravillas de su empresa yo sentía que algo no me atraía, me imaginaba ese día a día donde eres poco más que un número en la cuenta de resultados. Incluso me llegaron a hacer una oferta de El Corte Inglés pero percibía que algo no iba bien, hasta los propios entrevistadores se contradecían de una entrevista a otra y mostraban entre ellos sus diferencias delante de mí. «Esto no puede ser un buen futuro para mis aspiraciones —pensaba yo al salir de la entrevista— para mi vocación, para mi propósito en la vida». No me centré en esas posibilidades y comenté a los consultores de la empresa de *outplacement* que quería dedicarme a algo más vocacional, a ayudar al desarrollo de las personas, no a ser directivo en otra multinacional. Recuerdo aún la cara de sorpresa pues se suponía que su trabajo era ayudarme a encontrar un buen puesto en una gran empresa, no lo que yo les pedía. Insistí y les dije que esa era mi aspiración, mi propósito y que si me ayudaban a conseguirlo harían un trabajo perfecto y me quedaría muy contento. Así fue como empezamos a buscar qué es lo que había en España relacionado con empresas de coaching. Había muy poco, estamos hablando de hace quince años. Había sólo una escuela donde formarte y un puñado de pequeñas empresas. Conecté con una, me llamó la atención lo que hacían y les interesé por mi experiencia en recursos humanos y formación. Era esa empresa que había creado desde San Diego Carlos Marín para trabajar *Feedback 360°* y coaching con directivos americanos expatriados y españoles de multinacionales, es decir, el mismo trabajo que hacía él en Estados Unidos como miembro del equipo de Marshall Goldsmith. Y empecé a compaginar mi experiencia laboral de tantos años con el método de coaching. En aquel momento no creo que hubiera en España más de treinta *coaches* formados específicamente en coaching. Fuimos a un congreso internacional de coaching en Londres, el único que había en Europa, y en la relación de asistentes de todo el mundo sólo había otra persona española además de los que íbamos de esta empresa donde me había incorporado. Ahora hay miles. Muchos se autodenominan así sólo por hacer un curso de unos días, y sin haber practicado lo suficiente, o incluso peor, leyendo algún libro sin más. Esto ya ocurría también entonces, pero mucho menos por lo poco extendido del coaching, donde muchos consultores leyendo algún libro y sin formarse ya decían que eran *coaches*. Pero no es lo mismo, no tiene nada que ver la consultoría con el coaching. Se complementan, eso sí, pero el enfoque es distinto, el consultor es un especialista en un tema concreto y te dice cómo hacerlo. En definitiva desde el coaching podía impulsar y ayudar a gestionar el liderazgo, el trabajo en equipo, los conflictos, los sueños.... Me sentía fenomenal, útil.

Ahora sé que soy el que soy, fruto de todo ese proceso y trabajo interior, cuando conecté con algo que para mí daba sentido y desde aquí puedo ser capaz, no sólo de lo que quiero, sino de lograr lo mejor que yo puedo alcanzar. Por eso te animo a descubrirte y enfocarte a lo que te apasiona o te «enciende la llama» y espero que estos ejemplos te sean útiles para ponerte en movimiento.

No todos tenemos las piernas de Ronaldo o Messi, pero a veces no hacen falta.

Está claro que, obviamente, no todo el mundo nace con las piernas de Ronaldo o Messi. En esto la ciencia tiene mucho que decir... Una parte de nuestros talentos vienen de serie, son innatos, y otros pueden ser también vocacionales y desarrollados. Hay un potencial ahí dentro de cada uno que acaba brillando no sólo por la genética sino por porfiar y empeñarse en cambiar nuestra genética.

El quid de la cuestión está en identificar ese talento, presente o latente, y en encontrarle un sentido. Por ejemplo, un músico con talento puede pensar que sería una pena que desperdiciara su vida haciendo otra cosa ya que con ese talento puede hacer una contribución mucho más grande a su desarrollo y a su entorno porque en eso es realmente brillante. Cuando la persona conecta con ese talento de esa manera es cuando lo puede llegar a impulsar mucho más porque a partir de ahí se esforzará, lo trabajará, lo pulirá.

Pero otro músico puede no tener ese talento innato pero tener las ganas o el potencial y, con mayor práctica, superar el talento del que lo tenía innato. Imaginemos el caso de Messi o Ronaldo con unas cualidades técnicas extraordinarias pero sin una mente motivada y rápida para jugar al balón. O sin el entrenamiento adecuado. Lo primero lo tienen «de serie» pero si eso no lo explotan con esfuerzo, con superación, aprovechándolo, acabarían siendo jugadores como tantos otros, salvo algún día concreto. O incluso en el cómputo global de una liga su rendimiento estaría por debajo de otros con menos cualidades innatas pero que se han esforzado y cultivado más el entrenamiento técnico, físico y mental. Por eso la genética no lo es todo. Y lo mismo en el caso de un pintor o violinista con una sensibilidad y un don especial. Lo pueden tener, sí, pero si luego no dedican horas y horas a practicar acabarán siendo mucho peor que aquel otro que, teniendo unas condiciones mínimas, está practicando horas y horas hasta conseguir la excelencia. La actitud es tan importante, y en algunos casos más, que la aptitud. La actitud te hace confiar y trabajar más que los demás y entonces, partiendo de esos mínimos, destacarás más. Por eso el talento depende más de uno que de las condiciones iniciales.

Las explicaciones anteriores están basadas en la experiencia con deportistas y profesionales de distintos ámbitos. Pero para quien necesite más datos, la ciencia nos lo explica de otra forma. Aunque muchas veces la experiencia llega donde no lo hace la ciencia y esa es la comprobación genuina. Antes se decía que los talentos los determinaba la genética, que eran innatos. En realidad, la genética sí los condiciona pero no los determina. Es decir, influye en ellos pero no tiene la última palabra. ¿Por qué? Últimamente esto está perfectamente comprobado. Lo estudia la epigenética al mostrar que los genes que uno tiene se pueden desarrollar y expresar de forma distinta según la influencia del entorno y del medio. Los últimos descubrimientos suponen un gran avance en la concepción tradicional de que somos lo que está escrito en nuestros genes. Esta concepción ha avanzado para postular que existen muchas pequeñas modificaciones químicas con influencia relevante en la expresión de nuestros genes.

La epigenética muestra que el entorno y nuestras experiencias influyen en nuestros genes y evolución, de forma que la expresión del gen, que es la clave y no el gen en sí, es diferente según interactuemos. Y esto tiene que ver con las creencias propias, las relaciones, la influencia de los demás, la influencia del medio, etc. Y puede influir en cómo rendimos y modificamos nuestras condiciones en el trabajo, en una competición o a la hora de afrontar enfermedades como el cáncer y otras patologías. Por eso te recomiendo en primer lugar creer en ti y luego en tus condiciones y en tus genes. Lo que puede hacer tu mente por ti aún no lo sabe ni la ciencia.

En ese sentido, una persona puede pensar que no tiene unas cualidades tan buenas como Messi pero sí puede trabajar las que tiene y aprender para llegar a su máximo rendimiento. Está claro que no va a ser como él porque no tiene esas condiciones pero sí va a explotar las suyas al máximo. ¿Cómo? Con inteligencia, estrategia, haciendo otras cosas, por ejemplo una mejor colocación en el campo, una mente positiva y concentrada, trabajando más, explotando sus virtudes, etc. Al final no tendrá esas condiciones pero puede tener un alto rendimiento. Estando a ese nivel quien más destaca es quien mejor rinde en ese momento, no quien más talento tiene.

CAPÍTULO 6

ADIESTRA TU MENTE

«Tu puedes ser un artista, debes ser el artista de tu vida y tu obra plástica comienza con el entrenamiento mental, con moldear tus neuronas y cerebro, cambiando las reglas que te predestinaban por tu herencia genética. La última palabra no la tiene tu ADN, la puedes tener tú si te esfuerzas. Sé el artista de tu vida».

Entramos de lleno en el capítulo que da sentido al título de este libro: El entrenamiento mental. Comenzaremos con el adiestramiento y el manejo adecuado de nuestros pensamientos y emociones porque son la base del resto de factores que intervienen en el aprendizaje y en el progreso de la vida. Gestionarlos adecuadamente es fundamental para alcanzar el equilibrio y el bienestar que todos ansiamos. Empezaremos por conocer cómo convivimos con ellos y cómo nos afectan, ya que estos aspectos tendrán consecuencias directas en nuestro estado emocional.

En mis sesiones de trabajo lo habitual es encontrarme de frente con muchos pensamientos perjudiciales que ni ayudan, ni hacen avanzar a la persona. Ella misma no es consciente de los mismos, piensa que forman parte de su ser de manera intrínseca: «Yo soy así», me dicen con frecuencia. Mi respuesta siempre es la misma: «Si eres así, si tu forma de ser, de pensar y de comportarte están determinadas de antemano y poco puedes hacer, ¿para qué esforzarte más?». Evidentemente, y como veremos, esto no es así.

Todos podemos moldear nuestro cerebro
y crear nuestros pensamientos.

Cuando alguien me dice que «él es así, y punto...», yo le replico, de manera tajante que, desde esa visión, no necesita plantearse retos, ni objetivos importantes porque si los mismos no dependen de él, ¿qué sentido tendría prepararse más o luchar? Al no poder cambiar ni mejorar sus pensamientos, ni sus emociones, tampoco podrá modificar sus acciones y comportamientos. Cuando le digo esto, empieza a sentirse incómodo. Ya no le gusta tanto... En este punto de inflexión vuelvo a conectar con el principio de la sesión proponiéndole un planteamiento mucho más esperanzador y estimulante: «Tú eres como quieres ser porque puedes moldear tu carácter. Es más, debes y estás en la obligación de hacerlo si no estás satisfecho con él y no te permite lograr tus deseos».

Se atribuye a Aristóteles la siguiente frase que ilustra muy bien lo que trato de explicar:

«Siembra un pensamiento y cosecharás una acción;
siembra una acción y cosecharás un hábito;
siembra un hábito y cosecharás un carácter;
siembra un carácter y cosecharas un destino».

Según mi experiencia, el entrenamiento mental y emocional son la clave para llegar a ser quién quieres ser, para crear tu destino y no quedarte en quién eres ahora o en quién has sido en el pasado. Esto se queda corto con respecto a lo que puedes llegar a ser en cada momento, a lo que yo llamo tu mejor versión actualizada. Tu pasado sólo hay que recordarlo para aprender y tomar fuerza e impulso, no para vivir de recuerdos.

EDUCANDO PENSAMIENTOS

Para educar y entrenar tus pensamientos tienes que pasar por tu «Yo soñado», y por tu «Yo esencial». No te puedes quedar en el «Yo durmiente» donde las cosas no dependen de ti, ni manejas la situación y tu discurso es muy simple: «Yo soy así». ¿Cómo que eres así?, ¿quién lo ha determinado: la genética, la naturaleza, Dios? o ¿quizás tu comodidad o la falta de preparación? Con esos pensamientos tan limitadores seguiríamos en la Prehistoria, no habríamos sobrevivido ni progresado como especie.

Ese diálogo interno existe dentro de cada uno, aunque la mayoría de las veces no somos conscientes de que nos sirve como excusa y nos estamos justificando. Conversamos mentalmente con nosotros mismos sin reparar que tiene consecuencias. Bajo la frase: «Yo soy así» declaramos nuestro desconocimiento de las posibilidades que albergamos y escondemos una falta de coraje, de valentía y de atrevimiento para mejorar y confiar en lo que sí somos capaces de llevar a cabo. También podríamos estar disfrazando el miedo a no conseguir un objetivo o el pánico a fracasar. Pero esa comodidad dura muy poco porque pronto producirá desasosiego y angustia.

Por ello considero tan importante el diálogo interno. Es la clave. Tienes que hablarte con madurez y responsabilidad para usar la mente a tu favor y no debilitarte. Creer que puedes conseguir tus retos porque dependen de ti, no de factores externos. Desde ahí emerge la confianza y máxima energía para alcanzar nuevas cotas.

EJEMPLO PARA REFLEXIONAR
«PUEDO PORQUE PIENSO QUE PUEDO»

Esa frase era el lema que teníamos en las camisetas del equipo de bádminton para la preparación de los Juegos Olímpicos de Río 2016 con Carolina Marín: «Puedo porque pienso que puedo». Y lo creíamos todos. El primero, su entrenador Fernando Rivas, quien tuvo una visión y planificación magistral de cómo tenía que ser la preparación para los juegos, y nos contagió a todos. No sólo a Carolina sino al segundo entrenador y excelente analista de partidos, el danés Anders Thomsen, y por supuesto, a mí también. Creer que se podía conseguir la Medalla de Oro en Río fue una de las claves para conseguirla. La otra, obviamente, fue una excelente preparación diseñada por el entrenador de Carolina en todos los planos: técnico, táctico, físico y mental. Sin ese convencimiento y esa preparación no se hubiera conseguido el máximo objetivo puesto que la presión es tremenda en unos Juegos Olímpicos y el nivel de los rivales es más que intimidador.

El entrenamiento mental fue un factor clave. Carolina Marín se sometió a una exigencia física y mental como nunca antes había experimentado. Se incluyeron novedosos entrenamientos para mejorar su rendimiento. Carolina, como ella misma ha comentado públicamente, lloraba literalmente en la pista porque no podía más...

El límite entre poder o no poder —como decía el lema de las camisetas— lo marcas tú, lo marca tu mente. El cuerpo puede dar más si la mente lo cree, pues muchas veces no sabemos dónde está realmente nuestro límite. Carolina, gracias a su fortaleza mental, trabajada día a día con ejercicios concretos, pudo soportar semejante carga de trabajo sin desfallecer, tomándolo como un reto hacia su sueño.

Muchos de estos ejercicios podemos aplicarlos seamos deportistas o no. Sólo debemos adaptarlos a la situación de cada uno para convertirnos en auténticos campeones de nuestro día a día. Conseguirlo depende de cada uno, de la voluntad, la preparación y el esfuerzo.

BASES NEUROLÓGICAS DEL PENSAMIENTO

Entender mejor las consecuencias que tienen los pensamientos nos puede ayudar a comprender un poco más el funcionamiento neurológico de nuestro cerebro. El cerebro podríamos decir que es el órgano que nos permite pensar y razonar, mientras que la mente es el proceso por el cual pensamos y decidimos cómo lo hacemos. En el cerebro se procesan los estímulos y las impresiones recogidas por los sentidos, los sentimientos, las emociones y las sensaciones que nos afectan de una manera consciente o inconsciente. La mente es la que hace funcionar el cerebro de una forma determinada, según los estímulos que se procesen, y favorece las conexiones neuronales para que se produzcan ciertas sustancias químicas que nos van a afectar de una manera conveniente o contraproducente.

El cerebro está compuesto por unas células nerviosas llamadas neuronas que se comunican entre ellas mediante la sinapsis; esta puede ser química o eléctrica. Las sinapsis químicas son las más frecuentes; por ellas se liberan unas sustancias llamadas neurotransmisores. Cuando esas sustancias químicas no sólo se comunican entre las neuronas próximas del cerebro sino que se transportan a través de los neuropéptidos a otras partes del cuerpo más alejadas, reciben el nombre de hormonas. Los neurotransmisores, los neuropéptidos y las hormonas se denominan ligandos pues conectan las células.

Las hormonas tienen distintos efectos sobre el cuerpo y son las sustancias químicas relacionadas con las emociones. Algunas de las más conocidas son la adrenalina, la dopamina, la serotonina, etc. Por tanto, nuestros pensamientos producen un efecto químico en nuestro cerebro y, por añadidura, en nuestro cuerpo. Por ejemplo, la adrenalina se produce en estados de excitación y alerta, aumentando el nivel de glucosa y oxígeno en la sangre, elevando el ritmo cardíaco, la presión arterial y la respiración.

La neurociencia va asentando, en los últimos años, nuevos descubrimientos sobre el funcionamiento y plasticidad del cerebro. Antes se pensaba que el cerebro adulto no generaba nuevas neuronas, hoy día ya se sabe que se siguen creando mediante el proceso que se denomina neurogénesis. Lo mismo ocurre con los cambios en el cerebro, la neuroplasticidad que supone modificaciones en nuestra estructura cerebral y en nuestro sistema nervioso como consecuencia de nuestros pensamientos e interacción con el medio. Las últimas investigaciones respaldan cada vez más esa capacidad que tenemos de influir y modificar el cerebro, el cuerpo y los genes. Hemos apuntado ya que la epigenética nos dice que la clave no está en el gen en sí, sino en cómo se expresa, en cómo se desarrolla, y eso no necesariamente ocurre dentro de la célula —como se afirmaba anteriormente—, puede ocurrir desde fuera debido a las influencias que reciba. ¡Un gran descubrimiento! Si la célula se modifica, crea variaciones del gen y los genes pueden desarrollarse más allá de lo que estaba cifrado y destinado según el ADN, estamos ante algo casi mágico: los genes cambian sin modificar la secuencia de ADN.

La palabra «epigenética» viene a decir algo así como «lo que se encuentra por encima de la genética». Por tanto, el material genético que hemos heredado condiciona pero no determina nuestro desarrollo, nuestro cuerpo ni nuestro futuro. Tú lo puedes moldear.

Tú puedes ser un artista, debes ser el artista de tu vida, tu obra plástica comienza con el entrenamiento mental, cambiando las reglas que te predestinaban por tu herencia genética. La última palabra no la tiene tu ADN, la puedes tener tú si te esfuerzas.

Absolutamente fascinante, ¿verdad? Estos avances y descubrimientos son fundamentales porque nos muestran cómo podemos entrenar la mente adecuadamente para influir en nuestro cerebro, en nuestro cuerpo y en los cambios y resultados que deseamos. En gran medida, depende de nosotros e implica, en primer lugar, una conciencia y responsabilidad propia. Y cuanto menos trabajemos esta faceta de entrenamiento mental menos impacto tendrá también en lo que deseamos conseguir en la vida.

Si manejamos adecuadamente la mente podremos poner a nuestro servicio el funcionamiento del cerebro y lo que sentimos, podremos gobernar también nuestras emociones, acciones y comportamientos. Así de sencillo: si una persona provoca un pensamiento placentero o agradable, las sensaciones y emociones asociadas serán también de esa naturaleza. Si, por el contrario, recibe o estimula un pensamiento temeroso, lo que recogerá será desasosiego, intranquilidad o estrés. Sólo tienes que cerrar los ojos y pensar en una persona que te aporta calma, confianza o cariño… y te generará sensaciones positivas. Lo mismo si recuerdas un viaje bonito o una experiencia placentera. Pero si, por el contrario, piensas en una persona con la que tienes mala relación o recuerdas una discusión o una mala experiencia, te sentirás molesto o irritado. Cuando tomamos conciencia de la importancia que tiene lo que pensamos y el impacto que tiene, tenemos un arma fundamental para manejar nuestros estados y pensamientos de manera mucho más eficaz:

Pensamiento → Emoción → Acción → Comportamiento

Debemos focalizar nuestros pensamientos en la dirección que deseamos, de lo contrario estaríamos a merced de ellos, marcarían el camino y nosotros iríamos detrás, sintiéndonos y comportándonos de una manera que no hemos elegido y no gobernamos. Observemos nuestros pensamientos y seamos conscientes de ellos.

DISTINCIÓN
DE PENSAMIENTOS

Podemos etiquetar los pensamientos de forma práctica en estas cuatro categorías:

–Pensamientos productivos. Son aquellos que nos ayudan a resolver gestiones, priorizar temas que requieren atención: tareas pendientes, organización y planificación, trámites burocráticos, compromisos adquiridos, aprendizajes nuevos o de situaciones pasadas, etc. Este tipo de pensamientos nos hacen estar atentos, sentimos que aprovechamos bien el tiempo.

–Pensamientos improductivos. Aparecen cuando estamos divagando o pensando en cosas que podríamos hacer en el futuro, fantasías sin visos de realizarse o también cosas que se podían haber hecho en el pasado. Con estos pensamientos no se obtienen aprendizajes, sólo sirven para evadirnos o justificarnos. Dicen las investigaciones que en torno al cincuenta por ciento del tiempo tenemos pensamientos de ese tipo: ensoñaciones en las que divagamos sin ninguna intención ni atención y que acaban frustrando o deprimiendo a la persona.

–**Pensamientos perjudiciales.** Surgen cuando empezamos a centrarnos en nuestras limitaciones, en lo peor de nosotros y de los demás, lo negativo de lo que nos rodea, lo que puede ir mal… entonces se empieza a ver todo negro. Desde esa perspectiva alimentamos estados de ánimo y emociones que nos perjudican, que nos agitan y sacan lo peor de nosotros. Eso se retroalimenta, el pensamiento genera una emoción negativa y esta reafirma un pensamiento más nocivo. Es una espiral que va aumentando y desde ahí no tenemos perspectiva ni claridad para ver a las personas ni las situaciones en su justa medida, todo se tiñe de oscuro y nos sentimos tan mal que a veces eso puede derivar en estados de ánimo insoportables o incluso en problemas más severos.

–**Pensamientos beneficiosos.** Cuando estimulamos la mente hacia cosas que deseamos y que nos hacen ser mejores, hacia nuestro aprendizaje y superación, creando unas conexiones neuronales que generan una energía favorable. Nos sentimos a gusto, con más confianza, vemos más posibilidades en cada situación y encontramos más recursos para afrontar los problemas. En el deporte, y también en la vida, nos dan una fuerza extra que no pensábamos que teníamos.

EJERCICIO PRÁCTICO PARA EVALUAR Y ESTIMULAR TUS PENSAMIENTOS

Un ejercicio para saber qué tipos de pensamientos son los más habituales en tu cabeza, sin dejarte engañar por lo que te gustaría pensar es el siguiente:

✓ Señala en tu agenda tres días de la semana alternos para observar y anotar tus pensamientos. Por ejemplo: martes, jueves y sábado para combinar días de diario con el fin de semana. Ponte una alarma de forma aleatoria tres veces al día a distintas horas y, cuando suene, tómate un minuto para anotar los pensamientos anteriores que recuerdes según la clasificación que hemos establecido de productivos, improductivos, perjudiciales o beneficiosos.

✓ Después de anotarlo dedica dos minutos más a completarlo con lo siguiente:
–Si piensas en el pasado ¿qué pensamientos te vienen? Apunta de qué tipo son.
–Si piensas en el futuro, ¿cómo lo ves? Y anota lo mismo.
–Y finalmente en tu momento presente, es decir, ese mismo instante donde has puesto la alarma y estás escribiendo ¿qué pensamientos tienes mientras escribes?

✓ Al final del día, suma los pensamientos de las tres anotaciones y clasifícalos para saber qué predomina en tu mente. Lo raro sería que sean beneficiosos pues «esos» hay que estimularlos, provocarlos de forma consciente hasta que la mente se habitúe a pensar de esa manera. Lo veremos con más detalle en el capítulo dedicado a la concentración, la atención y la visualización. Recuerda, son sólo tres minutos, tres veces al día, en total nueve minutos. Después puedes hacerlo de una manera más espontánea sorprendiéndote en algunos momentos del día para darte cuenta de lo que estás pensando y qué tipo de pensamientos son. Cuanto más lo hagas y seas más consciente, mejor educarás y entrenarás a tu mente para pensar de forma más ventajosa y productiva.

✓ Otras formas de provocar ese tipo de pensamientos beneficiosos son las siguientes:
–La ensoñación —cuando no es vaga ni distraída, sino sobre algún aspecto que realmente nos estimula o apasiona— es sumamente provechosa para fortalecer pensamientos positivos. Esa conexión con el «Yo soñado» nos facilita pautas sobre quien queremos ser y cómo nos gustaría ser. Desde ahí se generan

pensamientos beneficiosos y prácticos para enfocar la mente por el buen sendero. Si esos sueños son vagos o fantasiosos nos generarán pensamientos vacíos e improductivos que nos acabarán desgastando y frustrando, es decir perjudicando, por tanto, no son iguales todas las formas de soñar despierto.

–Fijarse objetivos y metas, aunque sean muy pequeñas, para alcanzar en el día a día. Por ejemplo, puedes decir: «hoy voy a ser más amable con mi familia, o con mis compañeros o con mi equipo, y para eso voy a comportarme de tal manera o voy a realizar dos o tres acciones concretas». «O simplemente voy a ordenar tal cosa o a realizar estas dos tareas pendientes». Al enfocarse hacia un objetivo, la mente trabaja en una dirección más productiva y no está vagabundeando tanto o pensando de forma tan inoperante o negativa. Se va habituando a ser más proactiva y aparta la dejadez y la pereza que acarrean pensamientos poco convenientes.

–Recordar logros que hemos alcanzado en el pasado y que nos hacen estar orgullosos de nosotros mismos. No tienen que ser grandes gestas, pueden ser pequeñas cosas que nos hacen sentir a gusto: en el trabajo, en las rutinas diarias, en la preparación de un examen...

–Vivir cada día de acuerdo a nuestros valores y conectarlo con los propósitos que dan sentido a nuestra vida.

–Plantearse preguntas con intención. A la mente le gustan las preguntas porque está entretenida en responderlas. Si le planteas cuestiones interesantes, que obedezcan a un planteamiento predefinido, trabajará en esa dirección y no deambulará al libre albedrío. Ya sabemos que si dejamos la mente a su aire, esta nos llevará a pensamientos improductivos que son la antesala de los perjudiciales. Aquellos que nos anclan y nos impiden avanzar y crecer. Por ello es fundamental cultivar pensamientos prácticos o provechosos mediante preguntas intencionadas.

✓ Ese diálogo interno dirigido hacia donde queremos —bien con ensoñaciones hacia un objetivo, bien con preguntas intencionadas para encaminar la mente a un sendero productivo— es el que va a marcar la calidad de nuestros pensamientos. Lo primero que debemos hacer es observarlos y valorar si nos conducen por el camino que deseamos.

Preguntas para dirigir los pensamientos hacia un rumbo deseado:

–¿De qué estás satisfecho últimamente?
–¿Qué te gustaría conseguir, qué retos te apetece alcanzar?
–Si no tuvieras limitaciones, ¿quién serías?
–¿Qué cosas valoras más en tu vida?
–Señala tu destino, ¿cuál sería?

Esas preguntas abiertas que estimulan los pensamientos en una dirección favorable son necesarias porque tenemos tendencia a focalizar en lo negativo, en lo que no está bien, en lo que falta... Desde ahí nunca encontramos el sosiego ni el equilibrio necesarios. Según mis cálculos tenemos entre 50.000 y 70.000 pensamientos al día y la gran mayoría de ellos son improductivos y también perjudiciales, no son precisamente positivos. El porcentaje depende de cada persona porque somos distintos, pero la buena noticia es que los podemos entrenar y moldear. Tiene su lógica: por un lado, nos mimetizamos con el entorno y recibimos muchas malas noticias, estímulos e influencias, y por otro, adaptamos nuestra mente para defenderse y sobrevivir en una jungla donde los peligros no son tanto físicos sino mayormente psicológicos; unos debidos al estrés y otros a muchas de las amenazas que influyen negativamente en nuestra autoestima, nuestros valores y nuestro bienestar. Pero aun así la mayor parte dependen de nosotros, de cómo vivimos el presente y cómo miramos al futuro o recordamos experiencias pasadas. Los momentos de ilusión, de disfrute o de éxtasis, son tan ocasionales que no son capaces de instalarse en nuestra conciencia, no tienen suficiente fuerza. Cuando estoy impartiendo un curso o trabajando con un equipo, al segundo aparecen los críticos... Yo les digo que guarden ese arsenal de negatividad para cuando estimulen lo suficiente la mente lúcida y creativa, la que te permite observar un universo mayor.

Sólo al contextualizarlos se pueden utilizar adecuadamente. Ahí sí puede tener cierto mérito ver los aspectos negativos, de lo contrario, sólo son frenos al cambio y a nuevas iniciativas. Es bastante fácil ver el lado negativo de las cosas, las dificultades, eso lo puede hacer cualquiera... Sin embargo, hace falta bastante más pericia y entrenamiento mental para ver las oportunidades y posibilidades que nos plantean las cosas cotidianas y los retos de cada día.

EL DILEMA DE LAS DOS MENTES. LA LUCHA ENTRE LOS DOS LOBOS

Os quiero contar un cuento que viene como anillo al dedo para esos momentos vitales en los que nos encontramos ante el dilema de las dos mentes, una beneficiosa y positiva, y la que te bloquea, perjudicial y negativa, aquella que anula tu «Yo esencial» y »Yo soñado».

Un discípulo fue a ver a su maestro porque tenía un gran problema, una gran duda en su cabeza que no le permitía sentirse bien y muchas veces le impedía descansar y hasta dormir:

—Maestro, maestro, me gustaría consultarle una gran duda que me tiene muy preocupado y en ocasiones no me deja descansar.

—Dime, te escucho

—Pues siento que en mi cabeza hay una especie de lucha, de pelea entre dos lobos. Uno malo que me dice que no valgo lo suficiente, que no voy a conseguir lo que deseo ni mis objetivos. Me recuerda a las personas que no me gustan a mi alrededor, que me hacen mal, y desde ahí siento que no soy nadie, que todo va a ir mal. Pero, a veces, aunque es menos habitual, siento que tengo otros pensamientos, favorables y beneficiosos, que me ayudan, más positivos, y pienso en lo que he conseguido, en lo bueno que tengo, en mi talento y fortalezas, en las personas que quiero, en que si trabajo duro puedo alcanzar lo que me proponga… es como un lobo bueno que me da fuerza y me ayuda. Y mi gran preocupación es: ¿quién ganará esa lucha?, ¿quién soy yo en realidad?

La respuesta es muy fácil, respondió el maestro.

—Esa lucha, esa pelea ente el lobo bueno y el lobo malo que tú visualizas en tu cabeza, tiene un ganador claro: el lobo que tú alimentes más, el lobo al que tú des más de comer. Si tus pensamientos son perjudiciales y negativos, si alimentas más las preocupaciones y lo que va mal o puede ir mal, entonces das de comer al lobo malo y se hace grande, fuerte. Sin embargo, si piensas en lo bueno que tienes, en cosas que has conseguido, en los sueños que todavía puedes alcanzar y cosas similares, entonces estás alimentando al lobo bueno y ese se va a hacer más fuerte y va a ganar esa pelea…Ese, en realidad, eres tú y no tu sombra, tu saboteador que te limita, así que puedes elegir quien quieres ser.

No somos conscientes de estos procesos y creemos que lo que pensamos y sentimos es algo ajeno a nosotros, que simplemente sucede. Y así nos buscamos excusas y justificaciones. Nada más lejos de la realidad. Lo que pensamos depende de nosotros. Si bien es cierto que algunos factores externos influyen, como malas conductas o provocaciones de otras personas, nosotros también podemos elegir cómo reaccionamos en esas circunstancias. Eso lo veremos con más detalle al hablar de las emociones que van detrás de los pensamientos. Por tanto, la primera conclusión que podemos sacar es que cada persona, con el entrenamiento adecuado, puede decidir lo que piensa. Y eso también implica que no hay excusas, los culpables no son los demás y somos responsables de lo que sucede. Cuando alguien no está dispuesto a aceptar esta premisa, no está preparado para gobernar su vida ni obtener su máximo rendimiento, sea en el deporte o en la vida. Esta es una de las primeras cuestiones que trato de averiguar cuando alguien me dice que quiere trabajar en alcanzar sus objetivos. Si va a poner excusas no las va a alcanzar nunca o al menos no tan bien como podría… Sin embargo, cuando la persona es consciente de que puede entrenar su mente y desarrollarla hacia donde desea ir, se abre para ella un mundo de posibilidades sin límites.

En el deporte es más complicado. Los deportistas, con frecuencia, me preguntan cómo se entrena la mente. Les parece muy difícil porque están más habituados a entrenar el cuerpo, lo físico, la técnica, la táctica, a cuidar su alimentación...pero ¿cómo entrenar la mente? El físico lo cuidas yendo al gimnasio, haciendo ejercicios, bicicleta o pesas en casa. Con la técnica sucede algo parecido, repites un gesto o movimiento siguiendo un modelo de un entrenador. Y en el aspecto táctico, hay que ensayar lo que quiere el responsable del equipo. Pero al llegar a la mente las personas, deportistas o no, se embarullan y se pierden. Creen que hablamos de algo abstracto, inmanejable, alejado de pautas claras... ¡Nada más lejos de la realidad! La mente se trabaja de igual forma, cuando comprendemos el funcionamiento de nuestro cerebro, de nuestras neuronas, de sus procesos eléctricos y químicos y sacamos partido a las posibilidades que encierran. Los pensamientos no son automáticos, salvo cuando estamos en la fase del «Yo durmiente» y, como consecuencia nuestros estados de ánimo, oscilan de un polo a otro sin que tengamos ningún control sobre ello. Vamos a remolque. A partir del «Yo elemental», cuando entramos en una fase de consciencia, estamos en disposición de ejercer cierta influencia y dominio sobre nuestros pensamientos y los enfocamos en la dirección que más nos conviene cuando nos posicionamos en el «Yo esencial» y «Yo soñado». Desde ahí, los pensamientos juegan a nuestro favor, les marcamos el camino en lugar de ir a remolque de ellos.

EJEMPLO PARA REFLEXIONAR
EL RETO DE CRUZAR EL ATLÁNTICO A REMO

Un ejemplo de cómo el «Yo soñado» y creer que uno puede conseguir lo que se propone — retos y aventuras— más allá de lo imaginable, es el de Jesús de la Torre y Jorge Pena, que van a cruzar el océano Atlántico a remo en un bote sin asistencia de ningún tipo. Jesús pensó que ese sería su gran sueño y que lo podría hacer, y lleva ya más de un año preparándose para afrontarlo. Convenció a Jorge, con quien había navegado en muchas ocasiones, pues para él no había mejor patrón en el mar ni persona más experta. Se trata de una hazaña llena de dificultades y peligros en medio del océano, pero también de desafíos e ilusiones que es lo que les mueve a hacerlo. Además, los fondos que recauden, una vez cubiertos los gastos del viaje, irán para la fundación *Cris contra el cáncer.*

Comenzó su preparación preguntando a otros remeros que habían completado la prueba. Ellos les dijeron que si bien la preparación física era importante sólo suponía un veinte por ciento frente al ochenta por ciento de la preparación mental. De ahí que contactaran conmigo. Querían que yo les ayudara en esa faceta. Mi primera sorpresa fue que no estaba ante dos deportistas atléticos y jóvenes. Jesús era un emprendedor, experto en *marketing*, que tenía 63 años, y Jorge, un arquitecto de 53 años que cambió su trabajo hace años para hacer del mar su profesión y su pasión como patrón de barcos. Lo que más me gustó de ellos fue el entusiasmo que tenían y la convicción para lograr esa hazaña. Percibiendo que estaban dispuestos a hacer todo lo necesario para conseguirlo, me sedujo el reto psicológico que eso suponía.

Cuando en tu mente tienes el objetivo muy claro y tus pensamientos trabajan en esa dirección, las dificultades existen, pero cada vez se hacen más pequeñas y se pueden sortear. Creer que lo puedes hacer te da esa energía extra que hemos apuntado para seguir siempre avanzando. Además de su trabajo diario ambos van cada día a remar al gimnasio y los fines de semana, Jesús se desplaza desde Madrid a La Coruña donde vive Jorge y tienen el bote para remar en el mar. Son todo un ejemplo de creer que puedes conseguir tus sueños y servir de referencia para otros mostrando que, a pesar de las dificultades que existan, «si uno quiere, puede». La prueba, *Talisker Atlantic Challenge*, comienza cada año en diciembre con salida en la isla de la Gomera en Canarias y llegada a la isla de Antigua en Antillas. Tendrán que cubrir a remo 3.000 millas náuticas, unos 5.500 kilómetros, haciendo frente a los peligros del mar y temporales, sin ninguna ayuda exterior, en una embarcación de siete metros de eslora y 1,90 de manga, es decir de largo y ancho. ¡Con ese convencimiento y preparación, confío plenamente en que lo conseguirán!

CAPÍTULO 7

LABORATORIO DE EMOCIONES

«La clave ha sido el control de mis emociones, de mi cabeza».
Carolina Marín
*Campeona olímpica Río de Janeiro 2016, dos veces campeona
mundial y tres veces campeona europea de bádminton.*

*«El trabajo de coaching que hice con Juan Carlos me ha servido principalmente
para encontrar la motivación adecuada en los entrenamientos y gestionar mejor
las emociones negativas en las competiciones, mejorando el lenguaje corporal
en el campo de golf».*
Natalia Escuriola
Campeona de España profesional de golf.

En una ocasión trabajé con un directivo de una empresa de tecnología que estaba en el apogeo de su carrera profesional. Las empresas de tecnología recurren mucho al coaching porque —al tener perfiles tan técnicos— necesitan desarrollar habilidades emocionales y de liderazgo. Yo he trabajado muchísimo en este campo, aproximadamente, con unos doscientos directivos de este tipo. Menciono este dato para que quede «diluida» la confidencialidad, pues no se trata de un caso aislado, me ha pasado con varios directivos. Los resultados de este caso en particular, entendidos en términos numéricos y de cifras, eran brillantes. El área que dirigía era la más productiva de la compañía. Sin embargo, al evaluar su capacidad de liderazgo y su inteligencia emocional, los resultados obtenidos no acompañaban lo mas mínimo.

Conseguía las cifras de negocio presupuestadas a base de «explotar» a su equipo y de tratarles al límite de la falta de consideración y respeto. Cuando empezamos a trabajar juntos se justificaba diciendo que ese comportamiento, tan duro y exigente, era el que le había llevado al éxito. Su informe de *Feedback 360º* señalaba claramente que tenía un descontrol importante con sus emociones. No conseguía autocontrolarse y, en ocasiones, su impulsividad era ofensiva e irrespetuosa. Este aspecto es bastante más habitual de lo que parece; desgraciadamente lo he observado en bastantes directivos. Una vez que tomó conciencia de las consecuencias tan negativas de su comportamiento trabajamos ese objetivo. Generaba mal ambiente, las personas hablaban fatal de él y los que podían se cambiaban a otra área o incluso se iban de la empresa. Aun así, seguía justificando su comportamiento afirmando que su forma de ser era la que le había llevado a esa posición de alta responsabilidad. Cuando le expresé, con claridad, lo que otros no se atrevían a decirle por su dependencia jerárquica, es decir, que ese comportamiento era maleducado y de una gran falta de respeto hacia su equipo, según su *Feedback 360º*, empezó a ser más consciente y receptivo al cambio.

Esta es una de las aportaciones del coach. Alguien externo a la empresa, entidad o club que puede y debe indicar al directivo, entrenador o quien sea que esos comportamientos no son acordes a los valores y a la ética. Son también absolutamente incoherentes. Otras personas, por desgracia, no pueden decirlo como yo debido a posibles represalias. En el fondo, detrás de muchas personas con la imagen estereotipada de ser muy duras, se esconden temores que encubren otras razones.

Este directivo pensaba que no podía cambiar ni gestionar sus emociones porque se aferraba a su creencia de que había nacido así y ese era su carácter. Cuando le hice ver que las emociones se gestionan y se pueden regular, con práctica, se mostró muy interesado y quiso probar si serviría para algo. Elaboramos un plan de acción y desarrollo sencillo, focalizado en lo más importante. Lo primero fue clarificar si, al modificar su comportamiento, quería ser realmente ese tipo de persona y directivo. Después elaboramos una estrategia que pudiera integrar en su rutina, y con la que aprendiera a practicar cómo controlar sus impulsos. El plan se centraba en identificar qué era lo que le hacía alterarse de tal manera que incluso gritaba a su equipo. Ocurría cuando los resultados del momento no eran los esperados y la exigencia y la tensión por ser el mejor le impacientaban y descontrolaban. Sin embargo, no encontraba ni la fuerza ni la motivación suficientes para el cambio. Era consciente de que su comportamiento no era el correcto, pero no sabía abordarlo con garantías de éxito. Profundizamos un poco más, no sólo en el profesional que quería ser, sino en la persona, en su ámbito familiar y en cómo le gustaría que le viesen sus hijos, en su «Yo soñado». Cuando comparó esa imagen con la profesional e imaginó a las personas que le importaban, incluyendo sus hijos, viendo su comportamiento en la empresa, tratando así a su equipo, sintió vergüenza. Le pregunté cómo se sentiría si un día su esposa e hijos fueran a buscarle al trabajo y oyeran sus gritos faltando al respeto a todo su equipo. Esa imagen le resultaba insoportable, pues no se concebía así. El siguiente paso fue explicar a su equipo su intención de cambio y, en cierta medida, disculparse por el impacto que tenía su comportamiento ya que no había sido consciente de su efecto tan negativo y agresivo. Para lograr estos objetivos tuvimos que trabajar también la valentía y la humildad. A veces, el camino al objetivo no es directo y hay que pararse en otras estaciones para coger fuerzas antes de llegar al destino deseado. Este era un paso importante para comprometerse. Acordamos también pequeñas estrategias y entrenamientos, como identificar situaciones del día a día que le pudieran alterar y desactivarlas en sus inicios; si notaba que no podía controlar sus impulsos, otra alternativa era cambiar de tema y hacer preguntas para que hablaran los miembros de su equipo y él pudiera ganar tiempo para relajarse. Si tampoco lo conseguía, antes de perder el control, debía abandonar físicamente el lugar donde estaba dando una simple disculpa como tener que ir al lavabo o fingir una llamada importante. Eso le servía para ir a su despacho y tomar tiempo, respirar y relajarse o ir al baño para mirarse al espejo mientras se lavaba las manos y volver más relajado a la reunión. Es decir, desactivar la emoción desde sus inicios o distanciarse de ella y «enfriarla», si es que tomaba el mando la emoción, como veremos con más detalle. No fue fácil pero después de seis meses de trabajo los resultados de un nuevo *Feedback 360º*, anónimo y confidencial, arrojaron una mejora significativa. Aún quedaban cosas por pulir y tendría que estar siempre pendiente.

Gestionar las emociones adecuadamente es un camino que dura toda la vida, pero es alentador ver los progresos y de lo que uno es capaz si se lo propone y tiene la estrategia adecuada.

Este ejemplo pone en evidencia que las emociones son una agitación de la mente y del cuerpo como resultado de reacciones químicas que se dan en nuestro organismo por experiencias o pensamientos que las provocan. A nivel fisiológico, muestran cambios en la expresión corporal que se aprecian más en la cara por la excitación del sistema nervioso, como por ejemplo, expresiones faciales, dilatación de las pupilas, sudoración, alteración de la respiración, ritmo cardíaco, tono, lenguaje inapropiado, etc.

LOS TRES CEREBROS

Aunque algunos enfoques distinguen las emociones de los sentimientos, aludiendo a que estos «son el resultado de procesar mentalmente la emoción y no suelen tener un reflejo tan acusado en el cuerpo», no estableceré distinciones entre ambos términos para no complicar las cosas más de lo necesario y centrarnos en lo realmente importante para el entrenamiento mental y emocional.

Una vez que se producen hay que estar entrenados para regularlos; de lo contrario, ese torrente químico puede llevarnos a estados de ánimo «desbocados» o conductas que no podemos controlar. Es entonces cuando nos parecemos más a nuestros antepasados los primates, salvajes y primitivos, que a personas con un cerebro que sabe combinar lo cognitivo con lo emocional. Tenemos un cerebro sustentado en lo racional, lógico, consciente, y un cerebro emocional más conectado con el cuerpo que actúa instintiva e inconscientemente. En realidad, tenemos tres cerebros evolutivamente hablando. El cerebro reptiliano, la parte más antigua del cerebro que compartimos con especies como los reptiles, con un sistema nervioso muy rudimentario. Se encarga de las funciones básicas vitales y de supervivencia como la respiración, el sueño, los latidos, y los movimientos automáticos. Es el más primitivo y menos evolucionado y tampoco le podemos pedir más porque se encarga del funcionamiento del cuerpo y la supervivencia. Sobre él se cimentó el cerebro límbico, nombrado así por su forma de anillo, desarrollado en los mamíferos. Es un cerebro emocional porque se encarga de las emociones, el aprendizaje y la memoria. Sobre el cerebro límbico se desarrolló hace unos cien millones de años una nueva capa, el neocórtex, es decir, la corteza nueva, el cerebro que se encarga del razonamiento, el pensamiento y el lenguaje. Sin embargo, el cerebro emocional es capaz de anular en un instante al cerebro racional cuando detecta un peligro o una situación de supervivencia. Gracias a este cerebro que toma el control y nos alerta de una forma instintiva, si recibimos una amenaza, un ataque, sea de un animal o de otra persona, o un posible accidente, podemos reaccionar con rapidez y sin pensar. Hasta ahí tiene sentido. El problema surge cuando una simple amenaza o un pequeño susto, si no lo gestionamos adecuadamente, provoca el mismo efecto que si fuera grave o real y bloquea nuestro cerebro racional, produciendo un «secuestro» emocional donde las decisiones no se filtran por nuestro razonamiento. Esto nos puede crear situaciones de estrés y una mala gestión de las emociones. Si, por ejemplo, pensamos que nos van a despedir del trabajo, le damos un protagonismo desmedido a esa amenaza, y si no canalizamos las emociones que producen los pensamientos asociados, nos generará una situación de tensión emocional y estrés, provocando un bloqueo de nuestro lado racional y disparando la química interior que produce esa agitación o perturbación emocional. Desde ahí perdemos el control de nuestras decisiones y comportamientos, nos bloqueamos o reaccionamos a la defensiva, cuando en realidad no hay que luchar ni huir de ningún peligro, el estrés sólo ha sido provocado por nuestra manera de procesar esa información. Lo mismo puede pasar con un deportista antes de una competición, si empieza a pensar que va a fracasar, que hay otros mejores o que no va a cumplir su objetivo, se angustiará, se disparará el estrés y ya no podrá gestionar sus emociones adecuadamente.

Ahora bien, gracias al cerebro racional que nos permite ser conscientes y regular las emociones, podemos gestionarlas adecuadamente y ejercer influencia sobre ellas para que no nos dominen ni tiranicen. Y ahí es donde tenemos que poner el acento en el entrenamiento mental y emocional: a través de los procesos mentales, tenemos que desarrollar la inteligencia emocional, la corporalidad, diferentes conductas programadas y un entrenamiento más profundo a través de la concentración, la atención plena, el *mindfulness* y la relajación. Trataremos de observar los pensamientos y las sensaciones para regular las emociones y sentirlas de una forma beneficiosa.

LA INTELIGENCIA
EMOCIONAL

Unas nociones fundamentales de inteligencia emocional nos servirán para sentar las bases de la gestión de las emociones. La inteligencia emocional es un término introducido por John Mayer y Peter Salovey en 1990 pero divulgado y popularizado por el psicólogo Daniel Goleman en su libro titulado *La inteligencia emocional,* en 1995.

El concepto básico es la necesidad de reconocer y manejar bien las emociones tanto en nosotros mismos como en las relaciones. Hasta ese momento se pensaba que lo que predecía el éxito de una persona, tanto en su ámbito laboral como personal, era su cociente intelectual, sus estudios y su conocimiento. Sin embargo, varias investigaciones comprobaron que las personas más felices y que tenían más éxito no eran las más inteligentes sino aquellas que tenían una mejor gestión de las emociones. Lo mismo sucede en el deporte de competición y en el trabajo: lo que determina el éxito es la actitud, las ganas de aprender y evolucionar o manejar las emociones en momentos de conflicto y estrés. Una persona puede haber estudiado varias carreras, tener muchos conocimientos y luego no saber superar momentos de tensión o desencuentro con compañeros, no saber relacionarse de forma adecuada o crear sinergias. Simplemente, no saber trabajar en equipo. En el deporte es más evidente; un deportista excelente, con unas magníficas condiciones, que a la hora de competir no sepa manejar las tensiones y estados emocionales que se presentan, no va a alcanzar su máximo rendimiento por muy dotado que esté para ello. Y si no coopera con los demás del equipo su trabajo sirve de poco y generará mal ambiente.

Estos estudios reflejaron que con el paso de los años las personas con un alto cociente intelectual, que habían estado estudiando mucho y muy bien, pero sin manejar sus emociones y habilidades sociales, estaban normalmente a las órdenes de otras personas no tan brillantes académica o intelectualmente, pero que habían desarrollado la inteligencia emocional.

La inteligencia emocional según el planteamiento de Daniel Goleman se estructura en los siguientes apartados:

A)–Intrapersonal, relación con nosotros mismos:
   1. Autoconocimiento o autoconciencia emocional.
Se refiere a identificar nuestras emociones, cómo nos afectan y cómo nos influyen. Es importante reconocer cómo nuestro estado anímico afecta al comportamiento, cuáles son nuestras capacidades y nuestros puntos débiles. Muchas personas se sorprenden de lo poco que se conocen a sí mismas.
   2. Autogestión emocional.
Una vez que reconocemos nuestras emociones hay que regularlas para que se canalicen de forma adecuada y no nos gobiernen. Si fuéramos esclavos de la emoción, actuaríamos de forma irresponsable o impulsiva, y luego nos arrepentiríamos, como vimos en el ejemplo del directivo de la empresa de tecnología al principio de este capítulo.

3. Automotivación.

Enfocar las emociones hacia objetivos y metas nos permite mantener la motivación y establecer la atención en las metas y no en los obstáculos. En este punto, es imprescindible cierto grado de optimismo e iniciativa, ser proactivos y actuar con tesón y de forma positiva ante los imprevistos.

B)– Interpersonal, relación con otras personas.
4. Empatía o reconocer emociones en los demás.

Las relaciones interpersonales se fundamentan en la correcta interpretación, no sólo del lenguaje sino de las señales que los demás expresan, a través de su corporalidad, de forma no verbal. Reconocer las emociones y sentimientos de los demás es el primer paso para comprender y conectar con otras personas. Las personas empáticas son las que, en general, tienen mayores habilidades y competencias relacionadas con la inteligencia emocional, pues tienen la capacidad de captar y comprender las emociones ajenas.

5. Habilidades sociales o relaciones interpersonales.

Una buena relación con los demás es una fuente imprescindible para nuestra felicidad personal e incluso, en muchos casos, para un buen desempeño laboral. Y esto pasa por saber tratar y comunicarse con aquellas personas que nos resultan simpáticas o cercanas, pero también con las que no tenemos tanto en común o no congeniamos tan bien. Establecer relaciones sanas es una fuente duradera de bienestar y equilibrio.

En definitiva, la inteligencia emocional se compone de dos partes, una intrapersonal que tiene que ver con nosotros mismos, conocernos y gestionar nuestras emociones, y otra interpersonal que se refiere a cómo captamos las emociones de los demás y nos relacionamos con ellos.

Ahora bien, la clave no es tanto saber en qué consiste la inteligencia emocional sino cómo nos entrenamos para gestionar adecuadamente las emociones.

CONOCERNOS MEJOR

En primer lugar, deberíamos conocernos mejor e identificar qué emociones estamos sintiendo y el primer paso será disponer de un vocabulario básico para identificar y nombrar todas las emociones. Podríamos usar la clasificación de uno de los mayores expertos en el estudio de las emociones, Paul Ekman. Su labor de investigación con unas veinte culturas en el mundo, incluyendo alguna que no había estado en contacto con el mundo exterior, identificó unos gestos faciales comunes a todas.

Estas serían las emociones básicas universales:

EMOCIONES BÁSICAS

Alegría	Ira	Sorpresa
Miedo	Tristeza	Asco

Según esta teoría, de estas derivan el resto de las emociones. Otros autores como Goleman incluyen dos más en la lista de emociones primarias: el amor y la vergüenza. Al margen de las clasificaciones, lo importante es tener un vocabulario esencial para nombrar las emociones y cómo nos sentimos. Por ejemplo, relacionadas con el miedo hay otras emociones como el temor, la preocupación, el nerviosismo, la incertidumbre, la inquietud, etc. Y en la familia de la alegría se podrían añadir la euforia, gozo, éxtasis, deleite, etc.

CÓMO REGULAR PENSAMIENTOS Y EMOCIONES

Una vez que disponemos del vocabulario básico, el siguiente paso para el entrenamiento mental y emocional es:

1.– Observar nuestros pensamientos y cómo nos sentimos para valorar si estamos bien o percibimos alguna emoción que no nos acaba de gustar en su fase inicial.

2.– Si nos sentimos bien, podemos potenciar esos pensamientos para que ocurra lo mismo con las emociones y mantener o mejorar ese estado.

3.– Si percibimos algún malestar o alguna emoción que no nos gusta, debemos darnos cuenta para actuar y gestionarla. Antes de que esos pensamientos liberen la química suficiente para que nos invada las células, tanto en el cerebro como en el cuerpo, hay que evitar a toda costa que se «apodere» de nosotros.
Al identificar las emociones dañinas o nocivas en los estados iniciales es más fácil poder cambiarlas. Se trataría de mutar unos pensamientos por otros más positivos o favorables que generen emociones similares.

4.– Si hemos recibido un estímulo excesivo y estamos sintiendo la emoción con fuerza, el siguiente paso sería darnos cuenta de que no somos esa emoción sino un estado pasajero dominado por la misma y podemos influir en su duración e intensidad. Al distanciarnos de la emoción —poniéndole una especie de etiqueta— tendremos más opciones de gestionarla. Podemos dialogar con el estado emocional para tomar más distancia diciendo, por ejemplo: «sentirme así, con ira, no me ayuda porque me irrita y no me permite tomar las decisiones adecuadas. Esa persona no soy yo habitualmente ni mi mejor versión; voy a pensar en algo positivo que sea más útil y me haga sentir mejor».

5.–Si llegamos a este punto y hemos saltado los filtros anteriores podríamos utilizar la relajación como técnica para reposar las emociones agitadas; centrarnos en la respiración o concentrarnos en algún objeto para intentar calmarnos. En el siguiente capítulo veremos, con más detalle, cómo hacerlo.

6.– Si la emoción es la que está tomando el mando de nuestros pensamientos, recordemos que es un estado primitivo, poco desarrollado…, sólo debería ocurrir en situaciones de peligro o supervivencia. Si no somos capaces de frenarla ni regularla y hemos perdido el gobierno y el control nos queda un último recurso: utilizar el cuerpo para intentar cambiarla, actuar y no pensar.

Esa emoción instalada en nosotros no se genera en el pensamiento sino en el cuerpo, y sólo podemos actuar desde este último pues el razonamiento está anulado. Es importante recordar esto: en los momentos lógicos y racionales, la emoción es el pensamiento porque ha sido producida por la mente que ha generado, junto con los pensamientos, esa química en el cerebro, y la puede moldear; pero, en otros momentos de «estallido», en experiencias súbitas o en aquellos hábitos que hemos integrado y automatizado de forma subconsciente, la emoción es el cuerpo porque ha instalado, dentro de nosotros, esa química sin ser conscientes. En ese momento, no podemos abordar ni gestionar la emoción porque está anulada aunque no nos demos cuenta. Y no sólo ocurre en momentos de falta de control, también sucede en otros donde, desde los pensamientos, no podemos variar determinados hábitos o comportamientos instalados en el cuerpo, que es el que toma el mando. O al menos no podemos hacerlo de inicio, pero con persistencia, consciencia y entrenamiento adecuado sí sería posible.

El entrenamiento mental debe permitirnos preparar y prever estas situaciones para dar un salto con la mente, que también puede decidir no pensar y actuar, si la programamos, igual que hace el cerebro límbico, el que gobierna las emociones sin que pasen por el pensamiento. Así, en la medida de lo posible, tratamos de igualar los dos cerebros, el racional y el emocional, provocando que el cerebro racional no piense. Le pediremos simplemente que actúe, ya que si piensa, irá a la deriva de lo que dicte la tiranía del cerebro emocional.

Debemos comportarnos y actuar de forma diferente para cambiar la emoción que no atiende las razones del cerebro ni las pautas racionales. Aquí se abren algunas interesantes opciones que podemos utilizar según las circunstancias.

FORMAS DE ABORDAR
EL CAMBIO EMOCIONAL

A) Cambiar la postura corporal porque tiene un gran efecto en cómo se regula la emoción. Este modo es válido en todos los ámbitos: en el deporte, en el trabajo y en la vida. Resulta especialmente útil con aquellas emociones que nos llevan a un estado de ánimo decaído que queremos remontar, como vergüenza, tristeza, pesimismo... Por ejemplo, si la emoción es de desánimo o abatimiento se puede establecer una postura corporal acorde con la emoción que desearíamos alcanzar. Si queremos mostrar confianza, deberíamos imitar una postura corporal que refleje ese estado, buscando una imagen que la haga patente. En el deporte es difícil hacerlo en plena competición, pero se consigue con el entrenamiento y la práctica adecuados. Por ejemplo, un futbolista si tiene un fallo, en lugar de quedarse dando vueltas a la cabeza —algo bastante habitual— debe moverse como si no hubiera pasado nada, tener la misma postura de antes o incluso mostrar una imagen que refleje confianza y fortaleza. Desde esa posición corporal, el cuerpo le envía al cerebro el mensaje de que está bien y el cerebro se pone en sintonía con él, generando la química adecuada para que haya equilibrio, con lo cual hay muchas más probabilidades de volver al estado deseado o al menos de que la emoción perjudicial se diluya.

EJEMPLO PARA REFLEXIONAR
LAS EMOCIONES DE UNA CAMPEONA DE GOLF

Cuando estuve trabajando con Natalia Escuriola, campeona de España de golf, practicamos de forma específica cómo manejar las emociones negativas durante la competición mejorando el lenguaje corporal y los gestos al caminar durante los partidos. En ese momento en que la emoción se apodera de ti, sea por un fallo o porque ha ocurrido algo que te ha sobrepasado, no sirve, como hemos comentado, pensar por qué no está a nuestro alcance. De lo que se trata precisamente es de no pensar y poner el cuerpo, no la mente, a funcionar a nuestro favor. Este proceso ha de estar entrenado y programado, nunca ocurre de forma improvisada.

Natalia, después de ganar el campeonato de España profesional, me facilitó el siguiente testimonio:

«El trabajo de coaching que hice con Juan Carlos me ha servido principalmente para encontrar la motivación adecuada en los entrenamientos y gestionar mejor las emociones negativas en las competiciones, mejorando el lenguaje corporal en el campo de golf».

Si lo pueden hacer los deportistas en estados de mucha exposición mediática, presión y estrés, hay pocas razones para que los demás no podamos hacerlo. Por ejemplo, si estoy enfadado con una persona del trabajo o conmigo mismo por algo que no he hecho bien, utilizo una postura corporal contraria a la emoción que siento. Si estoy triste camino erguido, con la cabeza levantada y los ojos mirando hacia arriba, incluso con una ligera sonrisa. Y si estoy sentado lo hago con una postura similar, con la espalda recta, cabeza alta, utilizando gestos enérgicos y faciales contrarios a la emoción. Estos cambios en la corporalidad, si los hacemos sin cuestionarlos, suelen tener su efecto pues desde el cuerpo se transmite un mensaje al cerebro emocional y cognitivo de que las cosas no están tan mal. Y, de repente, algo comienza a cambiar. Si lo pensamos mucho es difícil hacerlo porque nos resultará ridículo. Recordemos que es ese estado emocional el que decide, no el pensamiento.

B) Cambiar la postura corporal y también la conducta. En este caso deberíamos comportarnos sin pensar en los pensamientos y en las emociones que sentimos, hacer como si no existieran. Es como un juego donde «engaño» a mis emociones con un comportamiento que no encaja o interpretando un papel contrario al que siento. Es cierto que al principio resulta un poco forzado, pero una vez que se practica, y a medida que se va notando el efecto de esa «interpretación» en la fisiología, en el estado emocional y en los pensamientos, uno se encuentra más cómodo. Se puede ejercitar haciendo cosas contrarias a la emoción que se siente. Por ejemplo, si llego a casa, al trabajo o al entreno de malhumor o enfadado y no lo he podido gestionar a través de los pensamientos, me comporto como si no hubiera pasado nada: saludo y doy los buenos días o me intereso por algún tema de las otras personas. Se trata de ser amable para mitigar la emoción que quiero cambiar. Incluso esbozando alguna pequeña sonrisa de vez en cuando. Lo puedo imaginar como un juego o un papel de teatro. Si soy capaz de mantener ese comportamiento sin juzgarme ni pensar lo absurdo que pudiera ser lo más probable es que, en esas interacciones, el nivel y la intensidad de las emociones bajen o se regulen pues se mezclan con otras de signo contrario y, por tanto, positivas.

EJEMPLO PARA REFLEXIONAR
LA AMABILIDAD DEL DIRECTIVO

Recuerdo una ocasión en que un directivo me dijo que no era necesario ser muy amable ni atento con las personas del trabajo y mucho menos con su equipo y su secretaria para que no se relajasen. Apenas hablaba con ellos, su carácter era duro y casi ni les saludaba si no era para hablar de algún tema concreto de trabajo. Como pretendía desarrollar su liderazgo e influencia le planteé este desafío: ser amable y atento con las personas del trabajo durante unos días y anotar después las consecuencias que eso había tenido para realizar una valoración posterior. El plan incluía llegar al trabajo y saludar, con una ligera sonrisa a todas las personas que se encontrara al llegar a la oficina; incluso desde la entrada o en el ascensor, no sólo a su equipo. Al principio se sintió extraño y hasta estúpido pero nunca imaginó el efecto tan positivo que provocó con su cambio de actitud. Al comportarse así generó un clima de mayor acercamiento, sintonía y conexión con las demás personas; estas se acercaban más a él, le hablaban y hasta notó que se trabajaba más a gusto. Comportarse de esta manera cambió no sólo el ambiente de trabajo sino también sus creencias sobre cómo tratar a las personas e incluso moldeó su carácter.

Cuando trabajo con deportistas o entrenadores les digo que hagan este ejercicio con sus compañeros de equipo. En otra ocasión, trabajé con un equipo de remo compuesto por dos remeros. Cuando uno se enfadaba o tenía un mal día en su trabajo, el plan consistía, además de remar, en hablar bien al compañero y si no lo hacía se acordó una penalización para compensarlo; bien mediante el pago de unas cervezas o realizando un trabajo extra con la piragua.

Cuando menciono esta forma de abordar el cambio emocional, muchas personas, incluidos psicólogos, muestran su disconformidad y no están de acuerdo con este planteamiento ni creen que pueda dar resultado. Soy consciente de que genera cierta polémica. Este enfoque tiene que ver con una corriente dentro de la psicología, que algunos tildan de simplista y de tener poco contenido, llamada conductismo. El conductismo se basa en el comportamiento observable que relega otros métodos considerados subjetivos como la introspección o los procesos cognitivos no observables. Creo en este enfoque porque me gusta integrar todas las corrientes y porque he visto, desde la experiencia, que funciona y provoca los cambios deseados. Las modificaciones, en su vertiente lógica, deberían ir desde dentro hacia fuera. Un pensamiento provoca una emoción y esta una acción y un reflejo en el cuerpo. Ese es el camino habitual. Pero muchas veces, cuando no podemos gestionarlo, es posible hacerlo a la inversa, desde fuera hacia dentro. Modificas el comportamiento o el gesto corporal provocando otro estado emocional y un cambio en los pensamientos.

El objetivo no es eliminar las emociones negativas, sino poder gestionarlas y que no nos afecten de manera acusada o incontrolada. Sentirlas hay que sentirlas, si estamos tristes por algo, estamos tristes, no se trata de no estarlo sino, en el grado adecuado, manejar la situación para que no nos condicione o anule nuestros pensamientos y nuestro carácter.

Recordemos que al distanciarnos de la emoción
y los pensamientos asociados tenemos más probabilidades
de gestionarla y tomar el mando.

C) **Cambiar el escenario físico y la experiencia para variar la emoción.** No siempre es posible, por ejemplo, en el deporte mientras compites, es más complicado porque no puedes salirte del escenario físico, pero se puede suplantar, en parte, mediante la relajación y la visualización. Se trataría de cambiar el lugar donde nos estamos sintiendo mal por otro escenario físico para recibir otros estímulos y provocar otras experiencias que acarreen nuevos pensamientos y emociones. De esa manera se regulan y diluyen las emociones que nos están perjudicando. Por ejemplo, si estoy en casa y discuto con mi pareja o familia, o en el trabajo con un compañero, en vez de dejar que esa emoción negativa me controle y dicte mi mal humor con las demás personas, si no soy capaz de aplicar lo anterior para gestionarla, me voy a otro lugar y provoco otra experiencia; y a ser posible hablo con otras personas de la nueva experiencia. Puedo ir al bar y tomar una infusión relajante o un dulce, favorito o diferente, para sentir nuevas sensaciones que me ayuden a cambiar mi estado de ánimo y hablar de algo distinto. O ir a un comercio y comprar alguna cosa para distraerme y comentar, sobre ello u otro tema, con el dependiente. O llamar a alguien por teléfono y hablar de otros temas para alimentar otros pensamientos y emociones. Lo prioritario es no estar solo para no encerrarte en ese diálogo interno dañino que te hunde cada vez más en un estado anímico negativo, aunque te haga creer que tienes razón. Lo importante no es tener razón, que desde ese estado es ya difícil, sino tener una emoción saludable. También puedes ir al cine y ver una película que no tenga nada que ver con tu estado de ánimo o practicar en ese momento algún deporte o verlo para distraerte. Pero es importante, además de cambiar el escenario físico, hablar con alguien sobre algo distinto para distraer y despistar a la emoción que tengo instalada, como paso clave para desinstalarla.

En una actividad o experiencia individual que te aísle es más difícil relacionarse con los demás. En este caso de gestión emocional, desinstalar una emoción no es como un programa informático que quito o actualizo. No. Aquí la mejor forma es transferir un programa distinto, casi incompatible, sobre otro programa para que no predomine el anterior; pero no se borra, sigue ahí, sólo que con destellos... y se va apagando. Desde ese nuevo escenario tengo más posibilidades de distanciarme de la emoción y hacer que se haga menos fuerte y grande.

En el ámbito deportivo, cambiar el escenario no es posible pues se está en un lugar cerrado del cual no se puede salir. En estos casos es recomendable recurrir a la visualización. Por ejemplo, si estás nervioso en un partido por un fallo, puedes pensar en otro momento donde remontaste después de otro fallo y eso te hizo sentir fenomenal. O imaginar otro escenario con las gradas llenas de personas que te apoyan y que te dan ánimos. Eso sería lo más parecido a cambiar el escenario físico.

EJERCICIO PRÁCTICO
DESAJUSTE CUERPO–PENSAMIENTO–EMOCIÓN

Veamos, en el siguiente ejercicio, una manera de comprobar y practicar el desajuste del lenguaje corporal con la emoción.

✓ Siéntate cómodo en una silla, relájate, pon la cabeza mirando con los ojos hacia arriba: al techo si estás en un lugar cerrado o al cielo si te encuentras al aire libre. Cierra los ojos. Imagínate un día maravilloso con un cielo como a ti te gustaría: soleado, con algunas nubes y un maravilloso cielo azul. Ahora, manteniendo los ojos cerrados y esa imagen del cielo, esboza una sonrisa y mantenla en la cara sin quitarla. Con la sonrisa «puesta» piensa en un problema, sin quitar el gesto sonriente. ¿Qué suele ocurrirle a la gran mayoría? Las respuestas que me dan en los cursos son o que es difícil pensar en un problema con la sonrisa en la cara o que el problema parece menos importante. Eso es lo habitual, es decir, podemos ver cómo esos pensamientos están condicionados por la corporalidad y la gestualidad. Desde ahí podemos influir en cómo nos sentimos y cómo pensamos también.

Lo realmente importante es tener recursos variados para influir sobre el estado emocional y que las emociones no tomen el mando de una manera descontrolada o perjudicial. Ese mono, ese primate que todos tenemos dentro fruto de nuestros orígenes y evolución, hay que domesticarlo y educarlo; y la mejor forma es gobernando los pensamientos lo suficiente para que podamos gestionar las emociones. No dejar que saque su furia incontrolada cuando las cosas no siguen el curso que nos gustaría. Pero también ayuda utilizar el lenguaje corporal y actuar de forma que cambiemos el comportamiento sin pensar mucho. Quererenos desahogar soltando la ira o rabia interior no suele dar buen resultado, salvo que sea de forma breve y controlada, pero eso no suele ocurrir. No ayuda porque, por un lado, nos alteramos y nuestro estado interior queda agitado igual que las vibraciones que sentimos y lleva su tiempo volver a un estado de equilibrio. Por otro lado, al actuar de esa manera compulsiva o exaltada es muy probable que causemos molestias o perjuicios a otras personas y aunque después podamos volver a la normalidad, el daño a los otros ya está hecho, a la relación y a la percepción que les hemos transmitido. Los demás no tienen por qué pagar las consecuencias de nuestros desajustes o malhumor.

EJEMPLO PARA REFLEXIONAR
EL LENGUAJE CORPORAL DE CAROLINA

Muchos de estos pasos y ejercicios los trabajamos también de forma específica adaptada a la preparación de Carolina Marín para los Juegos Olímpicos de Río 2016. Por ejemplo, su lenguaje corporal tenía que ser de seguridad y confianza en cualquier situación, especialmente en los momentos emocionalmente más bajos. Todo es una cuestión de entrenamiento.

Así se conseguía que ella no se dejara arrastrar por un fallo suyo o por aciertos del rival y entrara en emociones perjudiciales que limitaban su rendimiento. El mensaje que enviaba a su oponente era que no le estaba afectando lo negativo que pudiera haber o sus momentos más bajos.

Lo que no es cierto, según se publicó en los medios de comunicación, es que se entrenaran los gritos para desestabilizar a las jugadoras rivales. Se entrenó el lenguaje corporal, incluidos los gestos que he mencionado (miradas, sonrisas, posturas de confianza), pero los gritos son una forma de canalizar la energía, sentir la fuerza y el poderío que Carolina lleva dentro. No van dirigidos contra su rival.

Gestionar las emociones y la cabeza adecuadamente es lo que nos hace dar lo mejor que tenemos en cualquier situación.

Carolina también dijo al ganar en el torneo de Malasia en abril de 2017 a Ratchanok Intanon, «su bestia negra», pues sólo le había ganado en uno de otros seis partidos: «La clave ha sido el control de mis emociones, de mi cabeza».

Si Carolina Marín lo ha podido gestionar en una final olímpica y en situaciones tan complicadas, con la presión que eso conlleva, parece que hay pocas excusas para que nosotros no lo podamos hacer en situaciones menos expuestas y estresantes. Es cuestión de voluntad y entrenamiento, eso sí, teniendo la motivación y la estrategia adecuados.

LA «RESERVA» POSITIVA
DE LOS PENSAMIENTOS

La forma de abordar todos estos cambios es fundamental para lograr el resultado. Tratar de gestionar y manejar las emociones adecuadamente es algo muy delicado, no se trata de matemáticas en donde el orden de factores no altera el producto. Debemos prestar atención a los pensamientos positivos y beneficiosos porque son los que nos van a dar la fuerza y la confianza necesarios para abordar las dificultades que encontremos en el camino. Hay que buscarlos, potenciarlos y alimentarlos de forma continúa. Desde ahí estaremos preparados para gestionar o sortear las emociones y experiencias negativas que se vayan presentando. Sin embargo, si no hemos llenado lo suficiente la reserva de pensamientos y emociones positivas, con las primeras amenazas o reveses, las emociones negativas tomarán el mando rápidamente y nuestros recursos y posibilidades se volverán muy limitados.

En una de las formaciones que tuve la oportunidad de hacer con Richard Boyatzis, explicaba algo similar en las conclusiones que había obtenido a través de sus investigaciones. En su Teoría de Cambio Intencional afirmaba que al promover o responder ante los cambios, las personas se mueven hacia dos registros: uno les conecta con emociones positivas y otro con emociones negativas. En inglés Boyatzis lo llama PEA (*Positive Emotional Attractor*) y NEA (*Negative Emotional Attractor*). Cuando estimulamos emociones negativas, NEA, la persona se siente nerviosa, ansiosa, preocupada, y es más proclive a caer en un estado de estrés. Esto es debido a que se activa el Sistema Nervioso Simpático (SNS) y provoca un funcionamiento cognitivo deficiente, disminuyendo la receptividad perceptual y aumentando la vulnerabilidad. Sin embargo, cuando despertamos emociones positivas, PEA, lo que ocurre es que la persona funciona a su mejor nivel. Este es el estado en el que la mente y el cuerpo humano están en su mejor condición cognitiva: se crean nuevos tejidos neurales que facilitan el aprendizaje, se mejora el sistema inmune, y se permite a la persona ser más abierta a nuevas ideas, sentimientos y a otras personas.

La investigación en neurociencia, endocrinología, y psicología ha mostrado que despertar el PEA estimula el Sistema Nervioso Parasimpático (SNPS).

¿Y cómo conectamos más con emociones positivas o negativas? Ya hemos visto muchas formas de hacerlo, conectando con el «Yo soñado», también con lo mejor que tenemos, nuestros talentos y fortalezas, es decir con el «Yo esencial», y además todas las preguntas que nos hagan sentirnos bien. Esto no quiere decir, como ya he mencionado, que no debamos ser críticos y confrontarnos. Desde luego, hay que hacerlo, pero en segundo lugar, después de haber hecho los deberes, primero, con lo más preciado que tenemos. Es importante recordar que, en la gestión mental y emocional, hacer las cosas en cierto orden marca una gran diferencia e incluso de ello dependerá el resultado final.

EJEMPLO PARA REFLEXIONAR
JULEN LOPETEGUI Y LOS ESTADOS EMOCIONALES

Gestionar adecuadamente las emociones es fundamental no sólo en la vida diaria, sino más aun en el ámbito deportivo pues determinan el rendimiento en un momento muy puntual donde hay que demostrarlo todo. De esto no tiene ninguna duda el seleccionador nacional de fútbol, Julen Lopetegui, quien considera los estados emocionales muy importantes para que los jugadores estén en su mejor versión. Él, como entrenador que cultiva y desarrolla su faceta de liderazgo, es el primero en cuidar esos aspectos. Lo trabaja mucho, invierte tiempo en ello, se lo aplica, para desde ahí trasmitirlo con convicción y honestidad a los jugadores. En definitiva, le da tanta importancia a este trabajo emocional y de mentalidad como a los demás planos de la preparación. Julen me llamó para trabajar con él cuando le nombraron seleccionador nacional pues ya conocía mi trabajo y habíamos tenido alguna experiencia cuando era entrenador del Oporto.

Para liderar un equipo es necesario gestionar bien las emociones, tener clara una visión, una mentalidad ganadora y manejar todo lo relacionado con las relaciones y conflictos. En las reuniones que mantenemos, la gestión emocional es un tema que está siempre presente pues sabe que facilita la activación adecuada y el óptimo rendimiento de los jugadores.

Julen Lopetegui ha comentado en más de una ocasión que el trabajo con la selección se basa en tres conceptos: cohesión, emoción y compromiso.

Por ese motivo le da mucha importancia a la emoción del jugador y trata de estar pendiente de cada uno para mejorar sus respuestas en cada situación. Incluso cuando en algunas declaraciones decía que a un jugador le quería ver un poco enfadado para el partido se refería a que estuviera en ese estado emocional y de tensión adecuados para ofrecer su mejor versión y su máximo rendimiento. Las emociones aparecen de repente y se apoderan de nuestra capacidad y calidad de ideas si no las gestionamos o canalizamos adecuadamente.

En este interesante tema de cómo transformar en provechosas las emociones desconcertantes que pueden aparecer súbitamente y buscar soluciones, hay una anécdota que Julen vivió de joven en el restaurante que su familia tenía en Asteasu, Guipúzcoa. Se estaba celebrando una boda y, en un descuido, dos pastores alemanes de la familia se colaron donde estaba la tarta nupcial y se comieron unos cuantos trozos. En ese momento reinaba el caos y el desconcierto en la familia pues se había estropeado el momento simbólico de la ceremonia, la tarta nupcial. Toda la familia empezó a ayudar y las personas que trabajaban en atender a los invitados de la boda, estaban nerviosos y desconcertados con lo que había pasado sin saber qué hacer. Entonces la madre de

Julen, manteniendo la calma y manejando la situación, limpió y cortó los trozos de tarta estropeados por los canes y los adornó en su lugar con tejas y unos dulces típicos que daban un aspecto más original y único a la tarta. Todos quedaron contentos y los novios encantados con esa tarta tan original. Si en ese momento donde las emociones se desbordan no hay alguien que sabe gestionarlas con calma, busca soluciones y actúa, el problema y el caos serían aún mayores. Este es un buen ejemplo de liderazgo y gestión emocional donde no debemos dejarnos arrastrar por el enfado, la ira, los nervios y emociones similares que produce un hecho así. Este aspecto también lo ha heredado Julen de su madre: buscar soluciones y actuar ante los problemas y no lamentarse pues desde ahí no se arregla nada. Pero para buscar soluciones, tener más ideas y creatividad, tenemos que gestionar y alejarnos de las emociones negativas y buscar otras que nos permitan tomar las mejores decisiones.

Para profundizar en este entrenamiento mental y emocional tenemos más recursos que veremos en el siguiente capítulo, ejercitando la concentración, la atención, la visualización y la relajación.

CAPÍTULO 8

ATENCIÓN PLENA (MINDFULNESS), RELAJACIÓN, CONCENTRACIÓN Y VISUALIZACIÓN

«La meditación ayuda al coach a estar presente en todos los sentidos, a no juzgar, o al menos no hacerlo con rapidez o ligereza. Y a escuchar con atención plena».

A lo largo de estas páginas hemos visto cómo realizar un entrenamiento mental mediante la gestión de los pensamientos y de las emociones. También hemos podido comprobar cómo, en ocasiones, debido a estados de excitación o agitación mental y emocional, no es posible gestionarlos tan bien como nos gustaría. En esos casos es fundamental profundizar en el entrenamiento mental ejercitando técnicas o disciplinas como la atención plena o *mindfulness*, la relajación, la concentración y la visualización. Aunque todas ellas están relacionadas, para mí, la meditación integra y engloba a las demás en sus diferentes vertientes.

Conciencia, coherencia
y bienestar

La meditación es una disciplina muy sencilla, nada esotérica ni compleja; se trata de estar «aquí y ahora», en el momento presente, fluyendo. Observar los pensamientos para no proyectarlos al futuro ni al pasado, prestar atención a lo que hacemos y a todo lo que ocurre a nuestro alrededor. Podría definirse como el acto de calmar la mente y las emociones para sentir el cuerpo y el entorno en su máxima expresión, sin filtros de pensamientos. En sánscrito, lengua clásica de la India, significa auto-cultivarse. Requiere mucha atención y auto-observación, pero sobre todo, práctica para entender de verdad lo que significa. Para quien tenga alguna duda de los beneficios de estas técnicas, además de la experiencia y ejemplos, aportaré algunos datos de neurociencia absolutamente contrastados.

Antes quiero decir que soy un ferviente partidario de estas prácticas desde que me he iniciado en ellas y he comprobado su utilidad. También lo he contrastado en sesiones con deportistas, equipos y personas que lo querían aplicar en su vida o en su trabajo. Consiste en llegar a un nivel más elevado o, mejor dicho, más profundo de conciencia, coherencia y bienestar.

Técnicas de control
emocional

Mi acercamiento a la meditación no ha sido por casualidad ni por ningún problema o dificultad. Buscaba explorar de cerca lo que podía aportarme y su aplicación práctica. En primer lugar, para mi actividad como coach, ya que una de las premisas de un buen coaching es estar presente con todos los sentidos, no juzgar, o al menos no hacerlo con rapidez o ligereza, y escuchar con atención plena a las personas. Fue la mejor forma que encontré de ejercitar estos aspectos para mi vida y mi trabajo. Así, en el año 2005, me incorporé a clases de yoga, físico y mental, con la idea de trabajar el cuerpo y la mente. Mi manera de explicarlo es sencilla, pues en estos temas la complejidad y el foco no está en entenderlo sino en hacerlo, en ponerlo en práctica. Empecé con yoga físico aunque para mí lo realmente importante no es la actividad física, eso es la consecuencia, sino la atención que se presta a los movimientos, la focalización, la visualización y la concentración en el cuerpo y las sensaciones. Esas sesiones terminaban con unos minutos de relajación y meditación, enfocados a ser conscientes de los pensamientos y de las emociones. Comprobé *in situ* la potencia que tenía esa práctica llevada al entrenamiento mental y al bienestar. Y comencé a dar clases con profesores especializados en yoga mental. ¡Fue un gran descubrimiento!

En el yoga mental, la atención y la concentración no se focalizan en los movimientos del cuerpo. Suele hacerse sentado, centrando la atención en sentir el cuerpo, los pensamientos, las sensaciones y la respiración. También en ocasiones se puede fijar la atención plena y la concentración en el movimiento, siendo consciente de cada paso y de cada gesto. Si se ejercita adecuadamente puede servir para aplicarlo de una forma muy efectiva en la vida, en el deporte, en el trabajo o en las rutinas diarias. Ese es el objetivo final.

Cuando me inicié en la meditación zen ya había ejercitado con los ojos cerrados. Sin embargo, me gustó hacerlo con los ojos entreabiertos mirando hacia el suelo porque no estás tan ensimismado en tu mundo interior. Aunque también reconozco que si no hubiera practicado con los ojos cerrados, hubiera sido más difícil pues, si practicas en grupo, hay más distracciones visuales y de movimiento provenientes de otras personas que se mueven, se levantan, etc., y eso puede distraer más. También he practicado meditación en movimiento, manteniendo la atención en los pasos y en los movimientos del cuerpo. Se trata de tener conciencia plena y concentración en un estado de calma y relajación.

Se puede empezar a practicar la meditación en internet o leyendo algún libro, aunque sin el apoyo inicial de las clases puede resultar más complicado coger el hábito. Hacerlo algún día concreto resulta más fácil pero menos útil, lo importante es la regularidad. Muchas personas cuando empiezan me dicen que meditan media hora o más, lo toman con muchas ganas… Yo aconsejo empezar con tres o cinco minutos como máximo pero hacerlo con frecuencia, es decir, todos los días o alternos y a medida que eso se consolide, ir ampliando. Incluso ese tiempo para muchas personas es excesivo. Encontrarte contigo mismo en ese nuevo escenario es algo sorprendente y puede ser hasta incómodo, sobre todo si no lo has hecho anteriormente. De ahí que poco tiempo se aproveche mucho más. Tampoco sirve de nada si es un hecho aislado. Es similar al ejercicio físico, si corres mucho un día y no lo vuelves a hacer hasta dentro de una semana o dos no suele ser muy útil. Como meditar produce cambios en el cerebro y desarrolla la atención y la concentración hay que mantener un entrenamiento continúo para crear esas redes neuronales favorables.

La meditación tiene muchos beneficios contrastados con diversos experimentos e investigaciones y se puede alcanzar alguno en no mucho tiempo. Según uno de los más reputados investigadores, el neurocientífico Richard Davidson, doctor en Psicología y Psiquiatría por la Universidad de Harvard y director del Laboratorio de Neurociencia de la Universidad de Wisconsin, con dos semanas meditando treinta minutos diarios ya se consiguen cambios en las estructuras cerebrales. Pero para llegar a meditar con esa regularidad hay que empezar de forma progresiva pues es casi imposible hacerlo sin haberlo practicado antes, porque no es una práctica tan sencilla como parece. Puedes estar sentado y quieto treinta minutos o más, pensando en muchas cosas, las que te preocupan o te apetecen. Eso ni sirve ni es meditar. Según las investigaciones de Davidson, las personas que practican la meditación con cierta regularidad tienen mayor actividad en la corteza prefrontal izquierda, una región del cerebro asociada a emociones positivas. Otros estudios de la Universidad de Yale también han observado cómo al meditar se activan redes neuronales orientadas a ese tipo de tareas que ponemos en marcha cuando queremos alcanzar un objetivo.

Lo importante es hacerlo con regularidad. Como les digo a los deportistas y personas con las que trabajo, hacerlo dos días o una semana no es tan difícil, mantenerlo de forma constante es diferente. No se trata de tener la intención de hacerlo, ni las ganas, sino ponerse a ello y practicar. Siempre será mejor ponerse un minuto que pensar mucho sobre cómo hacerlo y no practicar nada.

Para quien esté dispuesto a iniciarse en estos temas con algún profesor mi consejo es que sea cuidadoso y lo elija bien ya que la experiencia puede ser totalmente distinta y opuesta. Los hay que trabajan un enfoque natural y cuentan con una gran experiencia a sus espaldas; otros, sin embargo, saben mucho de teoría pero no lo tienen integrado. Se acercan más al lado difuso y esotérico o a ejercer de falsos maestros y gurús. De estos últimos hay que huir, evitar esa mala experiencia y optar por un profesor bien preparado. A mí afortunadamente no me ha pasado, no sé si porque filtré bien o coincidió así, pero a otras personas que conozco les han quitado las ganas de continuar ese sendero de meditar, tan útil y enriquecedor. Tampoco es de extrañar, esto también pasa en el coaching y en otros campos.

En coaching la clave no es el método ni las herramientas, ni lo que se ha leído, sino la preparación y experiencia real que tiene el coach. Cuando digo «real» me refiero a hacer lo que se dice, practicar lo que predica y tenerlo todo integrado. Si no es así, ¿cómo alguien va a entender lo que experimenta el otro? Por mucho método y herramientas que tenga, si no sabe aplicarlo no sirve de nada, quizás sólo al principio aprovechando que la otra persona desconoce ese tema. Alguien sin la preparación adecuada sólo puede aportar «alguna chispa que no va a ningún lado porque no hace que prenda la hoguera». Personajes así existen en todos los campos, pero en estos temas de desarrollo pueden hacer más daño al trabajar con el interior de las personas, sus pensamientos, sentimientos y emociones. Con su corazón y con su alma.

EJERCICIO PRÁCTICO
CALIBRAR TU ATENCIÓN Y CONCENTRACIÓN

Te propongo un ejercicio que te ayudará a conocer en qué punto estás de atención, concentración y entrenamiento mental.

El ejercicio es muy sencillo de entender, ahora bien, no es tan sencillo de llevar a cabo, sobre todo, si eres honesto contigo mismo. Varios deportistas con los que trabajo, incluso futbolistas profesionales de la Liga española, de la Premier de Inglaterra o el Calcio de Italia, me han dicho que no son capaces de hacerlo. No engañarse es un buen síntoma porque, de entrada, perderse es lo habitual. Ser sincero y decirlo muestra valentía.

✓ Siéntate en una silla con la espalda y la cabeza rectas y erguidas. Tu postura corporal ha de ser estable y en posición de atención. Si prefieres puedes sentarte en un cojín en el suelo. Cierra los ojos o, déjalos entreabiertos (como te sientas más cómodo), mirando a un metro hacia el suelo para no distraerte con estímulos visuales. Cerrar los ojos no significa no ver, sino ver hacia adentro, hacia uno mismo. Hay personas que no se sienten a gusto de ese modo, en ese caso recomiendo alternar las dos formas para ampliar registros. Empieza por la opción más cómoda y después prueba con la otra, con la práctica se vuelve más natural. Observa tu postura corporal y siente tu cuerpo. Si percibes tensión en alguna parte, relájala. Puedes hacerlo tensionándola y aflojándola o enviar pensamientos para que se relaje, por ejemplo diciendo: «mis hombros se relajan más o estoy relajando mis hombros». Después observa tus pensamientos y déjalos ir como si fueran nubes que se lleva el viento en el cielo. A continuación focaliza tu atención en la respiración; céntrate en ella inspirando y espirando de forma tranquila, a ser posible, por la nariz. Aquí empieza el ejercicio para conocer tu nivel de entrenamiento.

✓ Se trata de realizar, con los ojos cerrados o entreabiertos mirando fijamente un punto en el suelo, veinte respiraciones conscientes. Únicamente debes concentrarte en la respiración, sin otros pensamientos. Cuenta cada inspiración y espiración como una respiración y si entra algún pensamiento que desvíe la concentración de la respiración vuelve a empezar desde cero.

Tienes que estar atento y ser honesto. No vale seguir contando respiraciones. Según tu ritmo te puede llevar aproximadamente algo más de un minuto, no más tiempo.

✓ El resultado se mide según las respiraciones que hayas hecho, sin descentrarte, las que has podido contar sin ninguna distracción de pensamientos.

– Hasta 5 respiraciones:

Nivel aspirante. Equivalente a mucho ruido mental, los pensamientos están al libre albedrío con lo que la atención se distrae. La concentración está poco entrenada.

– Hasta 10 respiraciones:

Nivel fundamental de toma de conciencia. Implica un buen grado de concentración en lo que se quiere conseguir pero también ciertas distracciones, con lo que la mente se dispersa.

– Hasta 15 respiraciones:

Nivel avanzado. Muestra bastante práctica y un grado de concentración alto, suficiente para mantener la atención y concentración en la mayoría de las situaciones.

– Hasta 20 respiraciones:

Nivel de dominio. Permite enfocar la mente de la forma deseada en circunstancias adversas y complicadas. Supone un equilibrio muy elevado y gran capacidad de autogestión, atención y concentración.

Lo habitual es que la mayoría de personas no lleguen hasta 10 respiraciones conscientes y muy pocas a 15 o 20. Es normal si no has entrenado la mente para focalizar la atención donde tú quieres, para estar concentrado. Cuando se está en un nivel superior de dominio, no sólo eres capaz de tener ese estado de concentración sino también de conciencia plena, es decir, de captar todo lo que pasa alrededor sin distraerte; eres consciente simplemente de lo que sucede pero sin alterarte más de lo necesario.

La meditación, según han comprobado algunas investigaciones, ayuda a reducir el estrés además de aportar equilibrio y sensación de bienestar. Es por tanto una vía fundamental para seguir creciendo interiormente ya que se basa en la autoconciencia y autoobservación, lo que permite gestionar los pensamientos y emociones a un nivel superior. Cuando desarrollamos estas técnicas de meditación, emergen del subconsciente muchas creencias, información y hábitos que estaban automatizados y no reparábamos en ellos, los dábamos por hecho sin ningún cuestionamiento. La mayor parte del tiempo usamos la parte subconsciente que no es otra cosa que los aprendizajes, conocimientos, pensamientos, emociones vividas, rutinas y hábitos que hemos ido incorporando a lo largo de nuestra vida a nuestro ser. Esa información ya se ha integrado y automatizado de tal manera que es como si actuara sola y cobrara vida por su cuenta. Sale de forma natural y no nos damos cuenta ni lo cuestionamos porque es algo que ha estado dentro de nosotros durante mucho tiempo y lo vemos normal. Sin embargo, a través de la meditación actuamos de forma más consciente para gestionar pensamientos, emociones, creencias, hábitos etc. en vez de actuar de forma instintiva (sin pensar) o inconsciente (sin darnos cuenta).

Debemos ser cuidadosos con nuestro dialogo interior (cómo nos hablamos y pensamos) y con nuestros estados emocionales y hábitos porque todo queda grabado «a fuego» dentro de nosotros conformando nuestras redes neuronales. Por ejemplo, la creencia de pensar que no valemos lo suficiente o que nuestra vida no es buena. Ese pensamiento puede obedecer a un momento concreto donde tuvimos una experiencia negativa y la dimos por cierta. Si así fuera nunca deberíamos dejar que ese pensamiento nos limitara y se quedara en el subconsciente de forma incuestionable. Una creencia es un pensamiento sobre una interpretación que hemos hecho de un tema o una persona que se da como verdadera y queda fijada en el subconsciente; no nos damos cuenta de que es nuestra interpretación y, por tanto, es subjetiva. No se puede razonar sobre ella porque no se contempla otra forma de verla. Se diferencia de una idea en que esta sí se puede rebatir, razonar y hasta cambiar de opinión mediante una buena argumentación. Con una creencia no es posible mientras esté situada en la parte subconsciente. No quiere decir que tengamos dos mentes, son dos caras de una mente, la consciente que nos permite pensar y razonar, y la subconsciente, que es donde han ido anidando nuestros pensamientos, emociones y hábitos acumulados desde que éramos pequeños con las experiencias vividas. Por ese motivo, mientras más trabajemos la meditación y sus técnicas de atención, visualización y relajación más conectaremos con esa parte automatizada para que esté más despierta y poder utilizarla a nuestra conveniencia.

Ese es uno de los motivos por el que muchas veces nos resulta tan difícil cambiar. Tenemos buenas intenciones, ganas y un objetivo que alcanzar pero dentro de nosotros están arraigadas muchas creencias y hábitos que nos frenan de forma inconsciente y pueden más que nuestros pensamientos positivos. Así, con cada dificultad que se presenta aparecen los mensajes que ya teníamos grabados donde nos decimos que es imposible y muy complicado, sin ser conscientes de esas limitaciones preestablecidas. Por este motivo, además de los pensamientos, necesitamos que aflore todo ese «arsenal» acumulado durante años en nuestra parte subconsciente para empezar a desactivarlo poco a poco. En mi opinión la mejor forma de conseguirlo es a través de prácticas meditativas.

EJEMPLO PARA REFLEXIONAR
MEDITACIÓN Y VISUALIZACIÓN EN UNA EMPRESA

Un ejemplo de cómo la meditación y sus técnicas nos ayudan a tener más claridad en lo que queremos en la vida y a focalizarnos bien en nuestros objetivos es el de Jesús María Ruiz de Arriaga. Jesús es un emprendedor y empresario de éxito que nos ha demostrado cómo el tesón, el aprendizaje continuo y el creer que se puede conseguir algo te lleva a alcanzar tus sueños y tus metas. Arriaga terminó su carrera de derecho con 49 años, pocos años después fundó el despacho de abogados Arriaga Asociados. Anteriormente había trabajado en diversos ámbitos, varios años en dirección de asociaciones dedicadas a atender a personas con retraso mental, docencia, consultoría, gerente de Pyme, etc. Pero él confiaba en que podría cubrir un hueco importante en el mundo del derecho. Conocí a Jesús en un proceso de coaching que mantuvimos y lo que más me sorprendió en la primera sesión fue su visión, claridad y confianza en lo que quería conseguir. Me autorizó a comentar que meditaba con frecuencia y hacía visualizaciones. A esto me refería cuando explicaba la importancia de centrar y serenar los pensamientos para saber lo que uno quiere y en no dejarnos llevar por lo que vaya surgiendo o por lo que deseen otros.

En sus visualizaciones Jesús proyecta cómo le gustaría ver su despacho en el futuro, las metas y éxitos que le gustaría conseguir. Por ejemplo, el número de clientes, facturación, beneficios, importe total reclamado, expansión territorial, etc. Como explicábamos, esos procesos mentales no hacen magia, provocan, eso sí, que focalicemos la energía y las acciones en esa dirección y estemos más orientados a conseguir los objetivos. En este momento el despacho de Arriaga Asociados está entre los diez primeros despachos de abogados españoles, con más de cincuenta oficinas a nivel nacional y trabajan en su bufete, de forma directa o indirecta, unas novecientas personas. Esto nos pone de manifiesto lo importante que es dedicar tiempo a serenarse, conocerse mejor y saber lo que uno quiere en la vida por muy ocupado que esté. Al igual que en el deporte, en la vida y en la empresa son muy útiles estos procesos de meditación y visualización como nos muestra el ejemplo de Jesús y otros muchos casos que podría mencionar.

Las ventajas de practicar la meditación son muchas y variadas: conocernos bien, ampliar nuestro mundo consciente, identificar cómo se originan muchos pensamientos, emociones, comportamientos, hábitos y creencias ya grabados interiormente sin saberlo.

Cuando no sabemos cómo se originan nuestros pensamientos, ese arsenal tan valioso está oculto y toda esa información pasa desapercibida, no podemos ejercer influencia ni gobierno sobre ella porque no la percibimos. Traerla a un plano consciente es primordial y la meditación nos lo permite. De otro modo, estamos en una especie de «limbo» sin enterarnos y tan felices. Sería muy parecido a la imagen de un iceberg; si pretendemos ver cómo evoluciona fijándonos solamente en la parte visible, estaremos limitando toda su grandeza y magnitud.

Cuando meditamos, observamos y conectamos con nuestras raíces, dejamos a un lado esa *cháchara* mental que nos pone una especie de «velo de separación» con nuestra autenticidad, nuestro potencial, y nos impide ver con claridad todas las oportunidades que tenemos delante. Con la irrupción de las tecnologías cada vez estamos más presos de estímulos externos que nos alejan de quiénes somos y nos confunden en un mar de posibilidades ilimitadas que acaban saturando y vaciando la mente. La meditación nos saca de esa rueda sin fin para detenernos a pilotar nuestra vida y nuestros actos. Activa muchos mecanismos que no conocíamos para afrontar el modo en que pensamos y sentimos. Nos convierte en actores principales de lo que queremos que suceda y permite una mejor gestión de las emociones para no reaccionar de manera automática y tomarnos un tiempo entre lo que sucede y la respuesta que le damos. Esto no es infalible y hay ocasiones en que no controlamos nuestras reacciones pero es cierto que, de manera global, la práctica de la meditación nos permite reaccionar de forma mucho más acorde con respecto a la emoción. Si una persona reaccionaba, ante situaciones estresantes, con tensión, malestar y pérdida de control, cuando incorpora a su vida estas técnicas puede perder el control, pero también reducirlo a la mitad o incluso más (el balance muestra que entre un cincuenta y un ochenta por ciento de las veces es capaz de gestionar bien la situación). Y si no lo consigue, lo normal es que pierda el control mucho menos que antes de trabajarlo. Luego, ya es un importante avance. La meditación engloba varias técnicas y cada una tiene un enfoque distinto. Voy a señalar algunas diferencias y ejercicios de forma que podamos practicarlos:

Relajación, concentración, visualización, mindfulness y meditación

– La **relajación** es entrar en un estado de conciencia inicial donde sentimos cada poro de nuestro cuerpo y cada milímetro de nuestra mente y los calmamos para alejar los pensamientos y emociones perturbadoras, de modo que nos sintamos a gusto. Hay que aflojar las partes del cuerpo para no crear tensión y evitar posibles molestias que distraigan nuestra atención. En muchas ocasiones una visualización es una buena técnica de relajación, sobre todo para la mente y la gestión del estrés.

Ejercicio práctico de relajación

Ponte cómodo en una silla, butaca o tumbado, cerrando los ojos. Busca un sitio tranquilo donde la luz sea tenue. Si te apetece puedes poner una música de fondo suave y tranquila, mejor instrumental para no distraerte. Observa tu postura corporal y repasa mentalmente tu cuerpo desde los pies hasta la cabeza parándote en las distintas partes y en los principales músculos. Empieza por los dedos de los pies y nota cómo están relajados. Si percibes alguna tensión en alguna parte te centras ahí, aflojando, quitándole rigidez y diciéndote mentalmente que se relaje. Puedes decir «los dedos de mis pies, relax» y lo repites dos o tres veces. Después focaliza la atención en otra parte del pie o los tobillos y repite la secuencia. Si la percibes tensa, primero la relajas un poco y después centras la energía ahí enviando pensamientos relajantes. Continúa haciendo lo mismo con las distintas partes del cuerpo: pantorrillas o gemelos, muslos, nalgas, parte baja y alta de la espalda, vientre, pecho, manos, brazos, hombros, cuello, mandíbula, ojos, frente. Afloja y relaja de forma consciente, mediante frases de relax, las partes o músculos donde notes tensión.

Otra forma de relajación consiste en fijar la atención en esas mismas partes del cuerpo tensándolas durante 5 a 10 segundos. Por ejemplo, contraes los pies ese tiempo, notas la tensión en ellos y luego los relajas durante 20 o 30 segundos. Siente esa sensación de relajación, apóyala con pensamientos diciendo mentalmente que están relajados si es necesario. Haces lo mismo con el resto de músculos y partes del cuerpo.

Estas técnicas de relajación y otras que indico en el próximo capítulo las trabajo con varios deportistas en momentos de mucho estrés de competición, por ejemplo, cuando se acumulan varios torneos importantes seguidos. También en momentos puntuales, cuando hay algún partido clave y el jugador tiene mucha tensión, está demasiado activado o ansioso por el estrés que le genera el dar la talla en esos momentos críticos. Son prácticas que se pueden utilizar tanto en el deporte como en la vida o a nivel de trabajo buscando siempre ese punto de equilibrio que nos hace rendir mejor y mostrar nuestra mejor versión.

– La **concentración** consiste en poner la atención en algo concreto, como puede ser un objeto, un sonido o la respiración. Es una atención selectiva que fija el pensamiento en una sola cosa.

EJERCICIO PRÁCTICO
DE CONCENTRACIÓN

Siéntate en una silla en un lugar donde a ser posible no haya interrupciones. Puedes hacerlo con los ojos cerrados o abiertos. Si cierras los ojos focaliza la atención en la respiración; fíjate en cómo entra y sale el aire o cuenta respiraciones de forma consciente, sin pensar en otra cosa.

Puedes concentrarte en las sensaciones de tu cuerpo o en cualquier otra cosa que elijas mentalmente y observar si aparece algún pensamiento distinto que te distrae. Si lo haces con los ojos abiertos puedes centrar la atención en un objeto. Por ejemplo, una vela o un objeto algo neutro para evitar distracciones con los colores o formas.

Elige un punto o un clavo en la pared para concentrarte en eso o una puerta para observar su contorno y fijar ahí la atención. Se trata de ser consciente de que la atención tiene que estar en el objeto y no en otras cosas. Si me distraigo lo importante es darme cuenta y volver a poner la atención sobre el objeto.

En el exterior puede resultar muy placentero, ofrece muchas opciones, por ejemplo, llevar la atención al agua, un río, las olas, un árbol o la línea de una o varias montañas y recorrer con los ojos ese perfil de un lado a otro. Resulta muy estimulante. Recuerdo haber hecho este ejercicio en varias ocasiones mirando a las montañas de El Escorial, siendo todo un reto de concentración no despistarse. Aporta sensaciones muy agradables, tanto el estar al aire libre ejercitando la concentración como el observar la línea de una montaña y el contraste en el cielo.

Otra forma de practicar la concentración es en movimiento. En un cuarto o habitación donde haya espacio para caminar, realiza movimientos lentos fijando la atención en los pies, en cómo se mueven y en la sensación al caminar. Después puedes focalizar en otras partes del cuerpo. Este tipo de concentración en movimiento lo he practicado con varios deportistas porque al calentar tenían que poner la atención en el movimiento y sensaciones de su cuerpo para preparar su mente sin distracciones ni pensamientos negativos al empezar a jugar.

Un futbolista practicó este tipo de concentración y la aplicó durante el calentamiento, antes de entrar a jugar un partido de liga. Después, en la sesión de coaching, me dijo que había estado muy concentrado porque no escuchaba los comentarios ni gritos del público de la grada que otras veces sí oía cuando calentaba. Esa es una buena prueba de que podemos centrarnos en lo realmente importante para dar lo mejor que tenemos y apartar interferencias.

– La **visualización** se basa en la atención hacia una práctica imaginada en la que se crean mentalmente situaciones, experiencias y escenas. Se trata de conectar con algo que queramos alcanzar o placentero para relajarnos y experimentar emociones positivas que nos den energía y nos activen. Puede ser para imaginar la consecución de un objetivo o para conectar con algo importante para nosotros, como relaciones con gente querida, valores, logros pasados, confianza, superar miedos o frustraciones, etc. A veces puede hacerse también sobre algo negativo para transformarlo en otras sensaciones y cambiar esa percepción. Una de las grandes ventajas de la visualización, según ha demostrado la neurociencia, es que además activa los mismos mecanismos en el cerebro que si estuviéramos viviendo la experiencia, con lo cual los circuitos neuronales se activan como si lo que estamos imaginando y sintiendo fuera una realidad. Esto se utiliza de forma muy habitual en el deporte.

En una ocasión estaba en una sesión con un futbolista que había marcado pocos goles y ese era uno de sus objetivos. Realizamos varias visualizaciones con ese fin en las que se imaginaba haciendo un gran partido, jugando a su máximo nivel, ayudando al equipo, la culminación es que metía un gol. Se trata de que lo sienta de verdad para que se grabe en el cerebro. Después del partido me llamó y me dijo que estaba contento a medias: había metido un gol pero su equipo había perdido. Aun así, le sirvió para ganar confianza. Hay muchos más casos similares y experimentos que demuestran la utilidad de visualizar los objetivos sin práctica real, sólo imaginada, para tener progresos notables.

Uno de los primeros experimentos muy representativo es el que realizó el psicólogo australiano Alan Richardson con jugadores de baloncesto. Hizo tres grupos para encestar tiros libres con las siguientes condiciones:

- El Grupo 1 debía practicar 20 minutos al día los lanzamientos.
- El Grupo 2 practicaba de forma imaginada, es decir, visualizando mentalmente los tiros a canasta.
- El Grupo 3 no practicaba.

Al finalizar el experimento los resultados fueron que el Grupo 1 que practicaba en la cancha había mejorado su efectividad un 25 por ciento. Pero lo sorprendente es que el Grupo 2, que sólo había practicado visualizándolo, mejoró un 24 por ciento. En el Grupo 3 no hubo ningún cambio significativo.

Existen muchos más experimentos, en el deporte, con músicos y en otros campos, con resultados similares. Esto nos demuestra claramente que repetir mentalmente los ejercicios para lograr un objetivo crea los mismos cambios neurológicos que quienes lo practican de verdad y tiene resultados muy significativos. Pero no olvidemos que eso exige un esfuerzo y concentración, no sirve sentarse cómodamente y ponerse a pensar o imaginar. Hay que focalizar bien la atención y recrear la situación de la forma más auténtica posible, sintiendo los movimientos, percibiendo el ambiente, los sonidos, olores y cualquier otro registro importante presente en la realidad. Por ese motivo hay que practicar la meditación y estas técnicas, para tener el entrenamiento mental adecuado y sacarle partido.

EJERCICIO PRÁCTICO
DE VISUALIZACIÓN

Ponte en una posición cómoda y relajada, sentado o tumbado, pero evitando que te puedas dormir. Hay que estar muy atento y sobre todo concentrado en seguir cada paso y recrearlo como si fuera la realidad. Relájate primero de forma breve llevando la atención al cuerpo y a la respiración. Desde ese estado de mayor autogestión, imagina un momento donde has alcanzado un logro que te ha hecho sentir muy orgulloso de ti, de tu capacidad, de quién eres en tu mejor estado. Recréalo y trae al primer plano, poco a poco y a tu ritmo, detalles de lo que ocurrió: una imagen que se va haciendo más nítida, personas que había alrededor, palabras o sonidos en el ambiente, olores de esa situación y cómo te sentías, céntrate con detalle en emociones y sensaciones. Desde ese estado placentero piensa en un objetivo que te gustaría alcanzar próximamente para reforzar la preparación. Una vez identificado señala lo que deberías realizar para lograrlo —qué pasos, comportamientos, tareas— e imagínate cumpliéndolos con éxito. Recréalos como si fuera la realidad percibiendo y sintiendo el esfuerzo que eso supone, las dificultades superadas, la satisfacción de los avances y el éxito.

Puedes realizar la visualización en dos partes de forma independiente. Por un lado, puedes imaginar algún logro anterior y terminar ahí para sentir bienestar y confianza, o un logro futuro para motivarte a alcanzarlo. Lo realmente importante es sentirlo, hacerlo con atención y creerlo. Para eso hay que practicar, como insisto, otras técnicas de meditación.

– El **mindfulness** o conciencia plena es una técnica específica de meditación, sólo que occidentalizada y más pensada para aplicar al entorno del día a día y del trabajo, a los problemas cotidianos. Es una contemplación más abierta sin opinar ni reaccionar ante los pensamientos y sentimientos que pasan por la mente, simplemente permitiendo que se diluya la experiencia. Se busca una observación neutra de las cosas y un equilibrio entre concentrarse sobre un estímulo y abstraerse del mismo. Se puede practicar con los ejercicios de atención en la respiración, objetos, etc. y también en situaciones del día a día como al caminar, conducir, escuchar, etc., donde la atención está totalmente enfocada en el aquí y ahora. Por ejemplo, al tomar una copa de vino ejercitamos atención plena si percibimos la forma y detalles de la botella y la copa, su limpieza, cómo se vierte el vino, qué color y aroma tiene, temperatura, olor, sabor, cómo hacemos los movimientos de beber y llevar la copa a la boca de forma lenta y consciente, no automática, como cuando se bebe agua para quitar la sed. Eso sería un ejercicio de atención o conciencia plena. Y lo mismo en una comida. Se puede combinar la atención al comer, cómo se cogen los cubiertos, se lleva la comida a la boca, se corta con el cuchillo, con la atención puesta en lo que dicen las personas que estén en la mesa y lo que ocurre alrededor, eso sería atención o conciencia plena, en vez de estar en la comida con automatismos y pensando en nuestras cosas más allá de lo que sucede en esa situación. De la misma forma se puede hacer en una reunión, en un entrenamiento o competición y en cualquier otro ámbito.

– La **meditación**, que como he dicho para mí lo engloba todo, es una disciplina milenaria que abarca todas estas técnicas y tiene un componente más filosófico y existencial. Lo que se persigue finalmente no es solucionar un problema concreto sino algo más profundo y elevado como superarse en el camino hacia la autorrealización. Aquí ya estamos más cerca de nuestro «Yo realizado», el que da sentido a toda una vida. A diferencia del *mindfulness*, la meditación es un camino espiritual en el que se reflejan distintas filosofías: budista, sufí, zazen, vipassana, trascendental, etc.

En definitiva, son métodos muy eficaces avalados por numerosas investigaciones científicas que desarrollan la concentración y la relajación, producen cambios neuronales, gestionan el estrés, las emociones y provocan un estado de equilibrio, bienestar y plena conciencia.

Meditar es como llevar la mente al gimnasio,
porque la mente, la atención y la concentración
también se entrenan.

Con estas técnicas ya tenemos un entrenamiento mental mucho más profundo y que nos puede servir para gestionar estados emocionales mucho más negativos como el estrés, la ansiedad o los miedos que veremos a continuación.

CAPÍTULO 9

ESTRÉS, ANSIEDAD, MIEDOS Y EGO

«Sólo conozco un método infalible, un antídoto universal
para afrontar los miedos, los temores, la ansiedad y el estrés que producen
los pensamientos. Se trata de la confianza».

El entrenamiento mental y emocional nos permite manejar el estrés, la ansiedad y los miedos de una forma más óptima sin que interfieran en nuestro rendimiento, o lo hagan en la menor medida posible. Esto es aplicable a cualquier faceta de nuestra vida, ya sea deportiva, laboral, académica, personal...

El estrés es el proceso que se pone en marcha cuando una persona percibe una situación o acontecimiento como amenazante o desbordante de sus recursos y exige del individuo un sobreesfuerzo. Puede provenir de cualquier situación o pensamiento de amenaza, hostigamiento o exigencia que nos haga sentirnos frustrados, furiosos o nerviosos. Dentro de ese proceso de cambios que implica el estrés, la ansiedad es la reacción emocional más frecuente. Y los miedos, fundados o imaginarios, actúan como un fuego que enciende y propaga tanto el estrés como la ansiedad con mucha rapidez.

Recuerdo el caso de un directivo de una empresa (digamos que se llamaba Antonio para preservar la confidencialidad) que cuando cambió su superior se encontró con una situación novedosa: se le cuestionaba casi todo lo que hacía como responsable de departamento e incluso su capacidad para gestionarlo correctamente. Al principio se esforzó en demostrar lo buen profesional que era, haciendo gala de sus conocimientos y larga experiencia, dedicando mucha energía y demasiadas horas de trabajo. Pero aquello no era suficiente y, según me contaba, le interesaba muy poco a su nuevo jefe, que estaba afanado en hacer las cosas a su manera, sin importarle las ideas de los demás. Entonces, Antonio empezó a entrar en una espiral de estrés al ver que su trabajo no se ajustaba a las demandas y exigencias de su superior. Al principio, rebatía cada tema para demostrar que tenía razón gracias a su conocimiento y dilatada experiencia, pero eso sólo le generaba más problemas porque su jefe se sentía desautorizado. Con el paso del tiempo, la tensión se fue haciendo insoportable y empezó a sospechar que lo que deseaban era que se fuera de la empresa. Entonces se le sumó el pánico al despido, lo que le generó una ansiedad cuyos síntomas manifestaba a nivel físico, psicológico y de comportamiento. Ese estado de irritabilidad y de agobio empezó a afectar a su relación familiar. Hasta tal punto estaba desbordado por la ansiedad que tuvo dos accidentes de coche en el camino hacia el trabajo debido a la falta de atención, los nervios y las distracciones continuadas. En ese estado, mi recomendación fue que debería consultar a un médico por si necesitaba un tiempo de baja ya que estaba superado por el estrés que le producía esa situación y había perdido el control de su comportamiento. En definitiva, necesitaba iniciar una terapia. Recibió una baja médica por ansiedad e indicios de depresión y, en ese momento, el proceso de coaching se interrumpió. Antonio estuvo un tiempo sin trabajar hasta que se sintió con fuerzas para reincorporarse de nuevo, pero como la situación era idéntica, se repitieron los mismos parámetros y terminaron despidiéndole. Este es un caso extremo pues el estrés, en la mayoría de las ocasiones, no llega a ese nivel, pero nos sirve para ser conscientes de que podría llegar a complicarnos la existencia de un modo muy doloroso.

TIPOS DE ESTRÉS Y CÓMO GESTIONARLOS

Hemos visto a lo largo de los capítulos anteriores cómo podemos desarrollar el entrenamiento mental a través de decidir los pensamientos que nos benefician, gestionar nuestros estados emocionales y saber profundizar en ellos con técnicas de atención, concentración, visualización y relajación para sentirnos mejor. Pues bien, en estas situaciones de estrés y ansiedad es cuando debemos poner en valor esos conocimientos y aprendizajes que, lógicamente, hemos tenido que entrenar previamente. De lo contrario, no pueden aparecer repentinamente por arte de magia para poder librar esa situación. Ahora ya sabemos que podemos anticipar muchas situaciones de estrés trabajando los pensamientos y siendo conscientes de cómo nos afectan e influyen en el organismo y en la bioquímica que se genera. Y también que, si nos situamos en el «Yo Soñado» y el «Yo Esencial», los miedos y el estrés se reducen hasta ese punto de equilibrio que produce la cantidad necesaria de ansiedad para funcionar con la energía adecuada. Porque no olvidemos que un grado justo de estrés, miedo y ansiedad también son necesarios para alcanzar el estado y la tensión apropiados para rendir al máximo, bien sea en el deporte, en los estudios, en el trabajo o en nuestra vida personal. Este estrés positivo se llama «eustrés», y no es otra cosa que la activación adecuada para resolver una situación complicada o lograr un objetivo, en contraposición al estrés negativo o «distrés», que provoca desequilibrio, así como una excesiva activación psíquica y fisiológica. El estrés «bueno» moviliza la cantidad adecuada de cortisol y adrenalina —las hormonas del estrés— para hacer el trabajo con efectividad, pero cuando la presión y la ansiedad son excesivas los niveles de estas hormonas se disparan y, lejos de ayudarnos, dificultan nuestro rendimiento.

Por eso la clave en el manejo del estrés para lograr un óptimo rendimiento reside en encontrar ese punto intermedio. Si una persona tiene un examen, una competición o debe entregar un trabajo, a medida que se va acercando la fecha aparece cierta tensión que la hace estar más activada y centrada en su objetivo. Eso está bien. Cuando la fecha es lejana resulta lógico relajarse y no tener tanta prisa ni excesiva motivación, pero cuando el momento se acerca pueden aparecer los nervios y la ansiedad ante el miedo de no hacerlo bien o no lograr el objetivo. En ese punto es donde se desencadena una activación demasiado elevada, así como la íntima sensación de que no seremos capaces de acometer nuestra tarea con éxito.

Esto lo ilustra perfectamente la teoría de los psicólogos Yerkes y Dobson, que recogen tres estados en la relación entre estrés y rendimiento: pasividad o aburrimiento, efectividad o flujo y agitación o sobrecarga.

Relación estrés y rendimiento:
- **Estrés bajo y rendimiento bajo:** relajación excesiva, menor motivación, pasividad.
- **Estrés y rendimiento óptimo:** motivación, entusiasmo, activación adecuada.
- **Estrés alto y rendimiento bajo:** presión, sobrecarga, ansiedad.

El punto ideal en ese rango es la zona de rendimiento óptimo, denominado «flujo» según las investigaciones de Mihály

Csíkszentmihályi, profesor de psicología en varias universidades americanas. Es muy importante alcanzar el estado de flujo porque nos permite aprovechar al máximo cualquier talento que podamos tener y por tanto obtener el máximo rendimiento. El estado de flujo es, en esencia, la capacidad para concentrar la energía psíquica y la atención en objetivos y tareas que nos hemos propuesto, y que sentimos que vale la pena realizar disfrutando cada momento. No es otra cosa que estar completamente comprometido con la actividad que hemos elegido. En este macroestudio de Csíkszentmihályi, realizado durante años con miles de participantes en todo el mundo, se buscaba que describieran un momento en el que habían alcanzado su máximo nivel y disfrute. El espectro era muy amplio y participaban personas de todas las edades, procedencias y modos de vida, por lo que relataban experiencias variadas de campos muy diversos: artes, deporte, trabajo, naturaleza, ciencia, etc., pero los resultados arrojaban muchas similitudes. Algunas de las características comunes de ese estado de flujo pasaban por tener metas claras, gran capacidad de concentración, habilidades acordes al reto, sensación de control sobre lo que se hace y, también, de disfrute.

Con el entrenamiento mental estamos desarrollando estas habilidades, siempre sin perder de vista que es de vital importancia tanto la concentración como la relajación para que el estrés y la ansiedad no tomen el control de nuestro comportamiento. La relajación la podemos practicar con ejercicios de meditación combinados con actividades que nos aporten tranquilidad: pasear, hacer ejercicio, pintar, cocinar o algo que nos provoque esa sensación. Sin embargo, sin un entrenamiento más concienzudo, realizar esas actividades nos relaja sólo de forma puntual pero no contribuye a estar más preparados para afrontar mejor las situaciones que provocan estrés o ansiedad. En este sentido, a través de las prácticas meditativas se pueden obtener resultados más profundos y duraderos.

Algunos ejercicios sencillos de visualización y concentración para lograr mayor relajación y regular tanto el estrés como la ansiedad, a un nivel adecuado.

✓ Busca un lugar donde no te interrumpan y donde no haya mucho ruido que te distraiga. Siéntate en un sitio cómodo o, si lo prefieres, túmbate. Si te apetece puedes poner música suave y relajante para ambientarte más, al igual que una luz tenue.

Ahora, imagina un lugar agradable como una playa en un sitio bonito. Estás sentado en una hamaca o echado en la arena y escuchas el sonido de las olas suaves que rompen contra la playa. Es un eco relajante y placentero. Percibes una suave brisa que roza tu rostro y mece las hojas de los árboles. Sientes el olor a salitre y el aroma de las plantas silvestres; todo te invita a la relajación. Estás tomando tu bebida favorita, y notas que sabe distinta. Todo es diferente en ese entorno en el que te sientes feliz y con ganas de disfrutar el momento presente. Percibes cada una de las sensaciones placenteras que te rodean con una calma absoluta. Visualiza una imagen, como si de una película se tratara, que irás enriqueciendo con objetos, personas, sonidos, olores, sabores, sensaciones que te hacen estar muy relajado. Te encuentras fenomenal y continuas así hasta que percibas que estás lo suficientemente tranquilo, con sensación de plenitud.

✓ Cuando consideres que es momento de regresar al «aquí y ahora», pon atención en tu respiración, después en tu cuerpo, luego en tu postura corporal... mueve lentamente los pies, las manos, el cuello y los ojos, a un ritmo pausado hasta que te traigan al presente.

Podemos hacer este ejercicio en pocos minutos para que nos proporcione calma, y logre aquietar los malos pensamientos o la agitación emocional que causan la ansiedad y el estrés. De igual forma, podemos hacer otro tipo de visualización, después de una relajación previa, imaginando la causa de nuestro estrés y cómo lo resolveríamos de forma exitosa. Sería en la misma línea del ejercicio que hemos realizado, pero imaginando que logramos determinados retos y logros. Si estamos en un sitio donde resulta imposible realizar una relajación, podemos hacer algo más dinámico apoyándonos en las pautas que hemos visto al abordar la gestión de los pensamientos y emociones:

– Nos centramos en la situación y los pensamientos que nos están causando estrés o ansiedad para identificar el origen y definir el problema con claridad.

– Buscamos una alternativa a lo que estamos pensando. Por ejemplo: imaginar cómo lo vería una persona que nos trasmita confianza e imaginar qué haría en semejante situación. Intentamos desarrollar lo máximo posible esa vía para tomar otra perspectiva y contextualizar el problema.

– Podemos, incluso, imaginar cómo vería esa situación estresante uno de nuestros héroes favoritos, y saber cómo la resolvería. Este supuesto ayuda a distanciarse de la tensión, a relativizar y a calmar la ansiedad.

– La regla de los «5 unos»: la aplicamos para tomar distancia de la situación y observar los efectos en el tiempo. Se trata de evaluar las consecuencias que podría tener en una hora, un día, una semana, un mes y un año aquello que nos genera tanta tensión.

– De igual forma podemos concentrarnos en lo que estamos haciendo en ese momento, percibiendo los movimientos de las manos, del cuerpo, de los objetos que tocamos o están en nuestro camino, de lo que hay alrededor. Fijamos la atención en todo ello para no seguir pensando en lo que nos causa preocupación o ansiedad.

– Si no queremos estar solos y necesitamos sentirnos mejor, buscamos alguna experiencia que nos haga interactuar con otras personas y salir de nosotros mismos y nuestra obsesión estresante. Podemos llamar a alguien o participar en una actividad que implique relacionarse con otras personas para estimular otros pensamientos y emociones: ir al gimnasio, participar en alguna actividad social, asistir a eventos, conferencias, charlas, etc. Si el tema nos interesa, mejor; pero, aunque no sea así, da igual porque lo importante es desconectar —hacer un *break*— y cambiar de ambiente. Lo esencial es hablar con otras personas porque, si sólo variamos el entorno, nuestro desasosiego nos acompaña hasta hacernos sentir igual... o peor. La interactuación, el intercambio y la empatía con los otros, nos conducen a un cambio de pensamiento y emociones.

– En ocasiones no es mala idea hacer alguna acción de ayuda o voluntariado para acercarnos a otras realidades y problemáticas, que nos ayudarán a relativizar nuestra situación. Por ejemplo, visitar a alguna persona enferma y ponerse en su lugar, colaborar con alguna causa que nos estimule, ayudar en comedores sociales o asociarnos a entidades sin ánimo de lucro que tengan que ver con aquello que nos sensibiliza. Ser conscientes de que nuestro problema, comparado con el de muchas otras personas, no es tan grave, ayuda a desdramatizar. Le resta la trascendencia que le hemos dado y nos ayuda a reunir fuerzas para continuar adelante.

Cuando el estrés y la ansiedad ocurren justo antes de un evento concreto, como una competición, una exposición en público o un examen, sugiero este tipo de ejercicios de atención y concentración para relajarse (y no tener que recurrir a un ansiolítico):

– Centrar la atención en el cuerpo y en la postura o en los movimientos, para retirarla de los pensamientos estresantes.

– Observar nuestra respiración y reconducirla para que sea: profunda, pausada y consciente.

– Traer a la mente algún pensamiento positivo relacionado con la preparación de esa prueba o evento. Por ejemplo, las horas dedicadas o lo que realmente sabemos hacer bien.

– Imaginar cómo sería un resultado exitoso y la forma en la que lo celebraríamos. Sentir la emoción de conseguirlo y festejarlo.

– Concentrarse en algún objeto concreto cercano para evitar pensamientos y emociones perjudiciales. Mirarlo con atención, como si tuviéramos que hacer una descripción detallada de su forma, color, peso, velocidad al lanzarlo, reacción al calor, etc. Puede ser una pelota, un bolígrafo, un papel, una prenda de ropa... lo que sea. A veces, con unos segundos concentrándose en otro tema, es suficiente para salir de ese estado y cambiar lo que sentimos. Si es en plena competición, la concentración ha de ser en la pelota, volante o herramienta de juego; en cómo se mueve o gira. En cada pausa se podría cambiar de objeto.

– Tener previsto qué hacer si las cosas no van como nos gustaría. Saber cuál es la alternativa en caso de que no funcione. En un examen, por ejemplo, si no sabemos alguna pregunta, en lugar de bloquearnos en ella, lo sensato resulta continuar con el resto para que todo fluya. Quizá al final aparezcan nuevas ideas que nos ayuden a resolver las que se nos atascaron, porque nos hemos sentido mejor con las que hemos respondido bien. De igual modo, si en una exposición se nos olvida un concepto o estamos muy nerviosos, deberíamos abundar en aquello que dominamos para, tras una pausa o un momento de tranquilidad, abordar aquello que nos resultaba más arduo. En una competición deportiva hay que tener muy claro el plan que vamos a desarrollar y, si no funciona, decidir en poco tiempo si se insiste en nuestra hoja de ruta o aplicamos alguna de las variantes ensayadas. Tener un plan B, da confianza y control sobre la situación. De esta forma, tenemos la sensación de estar haciendo lo máximo posible en lugar de perder la calma y estresarnos más.

Con estas prácticas, buscamos concentrarnos en lo importante y, de igual forma, distraer los pensamientos negativos asociados a los niveles de estrés que no hacen sino aumentarlo. Así, evitamos o reducimos el volumen de ansiedad para que no se sitúe por encima de los niveles de activación adecuada y podamos demostrar lo que sabemos hacer.

Algunas de estas técnicas las trabajé con Carolina Marín durante meses en la preparación de los Juegos Olímpicos de Río 2016 y, en concreto, el día antes de la final. Trabajamos cómo lograr el nivel de activación adecuado y no dejarnos llevar por la presión y el estrés de jugar una final olímpica. Aunque toda la preparación era desde la confianza, también contemplamos cómo podía afectar psicológicamente si el partido no se desarrollaba según sus intereses de inicio y perdía algún set. Es decir, si rondaban los miedos. De hecho, no había perdido ningún set en toda la competición pero, en la final, empezó perdiendo el primero después de estar muy igualado. En ese momento la presión, el estrés y la ansiedad, si no los has trabajado, se disparan hasta dejar entrar al miedo. Ese terror a no conseguir lo que tanto has soñado. La cabeza deja de pensar con claridad, se siente aturdida por la presión y el griterío del público, se bloquea y da paso a las dudas sobre lo que debes, o no, hacer. No sabes qué es lo correcto pues lo que haces no funciona y ves cómo el esfuerzo y sacrificio tan duro que has hecho durante mucho tiempo, se esfuma en un solo instante. Entras en un mar de confusión y, cuando te das cuenta, el partido se ha podido decantar de parte de tu rival. Pues bien, todo eso que puede pasar no ocurrió en el caso de Carolina porque había trabajado muy a fondo estas situaciones, y otras adversas, que podían ocurrir. Sabía cómo mantener la confianza y estar centrada en lo que sabía y tenía que hacer. En una mentalidad positiva y ganadora. Estas mismas situaciones estresantes le pueden pasar a cualquiera, aunque no compita, tanto en su ocupación como en el universo de sus emociones.

Cuando escribía estas líneas Carolina estaba disputando el campeonato de Europa en Dinamarca, buscando su tercer título europeo. En semifinales estaba a punto de perder el primer set, cuando el marcador la igualaba a 17 puntos con una jugadora danesa e ídolo local. En ese momento le entró el miedo a perder y aparecieron los fantasmas: «si voy un set por debajo, perderé el partido y no llegaré a la final». Es lógico. Todos tenemos miedos pero si los sabemos canalizar como hemos visto, activan a la persona de forma adecuada. En cambio, si se apoderan de ti, te estresan y te bloquean. En ese momento, Carolina fue consciente de esos pensamientos de miedo, tal y como lo habíamos trabajado, y se dijo con confianza y convicción: «¿Por qué diablos voy a perder el set?, ¡voy a ganarlo; y el partido también!». Tener esa capacidad, basándonos en el entrenamiento mental, permite sacar fuerzas de donde parece que no hay y dar nuestra mejor versión. Ganó el set por 21 frente a 17, y el partido. Al día siguiente ganó la final y se proclamó campeona de Europa por tercera vez.

Esta gestión de los miedos y el estrés no ocurre de repente, sino por haber hecho este entrenamiento mental con tiempo, y practicarlo muchas veces para poder demostrarlo en situaciones de máxima tensión.

TU SOMBRA, EL SABOTEADOR Y EL EGO

En muchas ocasiones, aunque no haya nada externo que nos estrese, nosotros mismos nos ponemos esa presión a través de los miedos desmedidos e infundados que generamos. Algunos pueden ser reales, aunque la mayoría son imaginarios; suposiciones que sólo están en nuestra cabeza. Es la sombra de los 5 «Yoes» que nos acompaña donde vamos y está compuesta por el ego y el saboteador. Esos obstáculos en nuestro camino no están fuera sino muy dentro de nosotros, son el lobo malo del cuento que veíamos en el capítulo seis, el lobo que nos aleja de nuestra mejor versión. Es importante conocer bien a estos «personajes que juegan a ser nosotros» pues nos hacen mucho daño. La mayoría de las veces ni nos damos cuenta de que están ahí porque estamos en el «Yo durmiente», vamos en automático y no somos conscientes de lo que pensamos. O, dicho de otra manera: están tan integrados en nuestro subconsciente debido a las veces que hemos repetido esa secuencia de pensar y sentir así, que ya son parte casi indisoluble de nuestra forma de ser. Conviene identificarlos para no dejar que actúen a su voluntad y terminen dirigiendo nuestros pasos. Eso es el saboteador. Esas cosas que nos repetimos en nuestro diálogo interno y que nos quitan energía, nos debilitan, nos hacen verlo todo muy complicado. Empieza muchas veces con pensamientos aparentemente amigables e inofensivos del tipo «sigue haciendo lo mismo, no te compliques la vida», «tampoco estás tan mal, otros están peor», hasta que con esas premisas se hace nuestro cómplice y, cuando ya se ajusta a lo que queremos oír, saca sus armas definitivas que son difíciles de combatir. Poco a poco va subiendo el tono y los mensajes que escuchamos son más severos: «quizás ese reto es muy complicado para ti», «no estás preparado lo suficiente», «hay otros mejores que tú», «siempre fallas en los momentos importantes y no lo vas a conseguir». Desde ese discurso, los miedos ya han tomado el control de nosotros y se genera el estrés y la ansiedad. Desde las excusas no nos situamos en nuestra mejor versión. En el deporte, esa parte de nuestro lado sombrío, ese saboteador interno, es muchas veces el gran rival, el oponente invisible más difícil de batir porque sale a escena en los momentos de mayor presión para recordarte que: «hoy no es tu día», «no vas a poder ganar» o «no eres lo suficientemente bueno».

En ocasiones esta sombra que nos aleja de nuestro «Yo esencial», de quien somos de verdad, este saboteador interno que nos debilita, tiene además un aliado con el que se complementa: el ego. Así, nuestro lado oscuro ya está completo. El ego, a diferencia del saboteador, no nos habla de miedos sino de vanidades y orgullo. Nos convence de que si fallamos es por culpa de los demás, no es por nada que podamos mejorar. Si no tenemos éxito es porque nos ponen dificultades para que no destaquemos. Y, por supuesto, cuando hacemos algo bien es debido a que somos mejores que los demás. Es como una película de ciencia ficción que nos acabamos creyendo. Esa es la trampa del ego, que te hace perder contacto con tu esencia y te encumbra al éxito vacuo, superficial, del que no aprendes. El ego te hace vivir pendiente de lo que piensan los otros, te aleja de tu «Yo Esencial». Por eso, cuanto más nos conocemos y más conscientes somos menos ego hay. El ego te hace sentirte superior, por ello, una dosis de él no está mal, pero dejarnos llevar por él comporta falta de humildad y de un certero análisis de lo que nos rodea. Cuando está muy activo te hace sobreactuar para demostrar lo que vales y eso acentúa el egoísmo o te hace estar en una zona de confort para no fracasar; no te permite arriesgar para no fallar porque es lo que no soporta. En cualquier caso, te aleja de quien eres en realidad, de tu mejor versión, porque lo único que busca el ego es la aprobación y el halago. Vanidad de vanidades.... Así te impide ser tú mismo, porque hace lo que sea para recibir elogios y evitar los miedos que la falta de reconocimiento y cariño producen.

¿Cómo lidiar con esos grandes oponentes invisibles? Existen varias formas para mantenerlos en su sitio pues eliminarlos no es posible, el mismo hecho de intentarlo desgasta y bloquea la buena energía que tenemos. El ego y el saboteador forman parte de uno mismo y sólo hay que saber darles el espacio adecuado para convivir con ellos sin que nos limiten:

– En primer lugar, hay que identificarlos y no dejar que se cuelen entre nuestros pensamientos como si fueran nuestro «Yo Esencial», porque no lo son. Son nuestra peor versión, la que nos engaña y crea miedos y tensiones, la que nos quita la fuerza para avanzar. Para ello es necesario aumentar la consciencia con atención plena –o meditación– y fortalecer el entrenamiento mental.

– Podemos hacerles un poco de caso, lo justo para convivir con ellos pues nos acompañan siempre, no desaparecen. Además, si los identificamos bien y los vemos venir, nos pueden facilitar alguna información importante. El saboteador lo hace sobre los riesgos o peligros y el ego sobre la confianza y mejores virtudes. Hasta ahí, bien. Nos pueden ayudar porque juegan a nuestro favor. El problema es cuando, a partir de esa línea, los seguimos alimentando de forma inconsciente y mantenemos esa línea de pensamiento. Entonces, el resto del diálogo interno se basa en lo que no somos en esencia. Habla nuestro yo automático, el «Yo durmiente», nuestro lado no consciente y, desde ahí, perdemos el control de la situación. Vamos a la deriva. Ya sabemos que desde ahí no se puede crecer, ni tener buenos recursos o ideas... y mucho menos la energía necesaria para afrontar los retos. Con ese enfoque nos debilitamos.

–Una vez que los hemos identificado y hemos «permitido que nos informen de sus recomendaciones», la siguiente etapa es tomar nosotros, nuestro «Yo esencial», la iniciativa y el control de los siguientes pasos. Desde los pensamientos potenciadores que generen el tipo de emociones y energía que necesitamos.

– Otra opción es hacer un juego con ellos, imaginando qué ocurriría de positivo si no estuvieran, es decir, si no hubiera riesgos, limitaciones y si no pensara en lo que esperan los demás de mí. Si aprendiera más cosas con humildad y escuchando a personas que me pueden ayudar. Estas serían algunas preguntas a responder: ¿qué es lo que haría, qué retos me plantearía?, ¿qué me dirían quienes me conocen y desean lo mejor para mí?, ¿cómo podría aprender más y mejorar?, ¿cómo disfrutaría?, ¿hasta dónde sería capaz de llegar?

– Finalmente podemos ponernos en lo peor que puede ocurrir y ver cómo solucionaríamos esa situación, quitándole dramatismos. No tener una visión catastrofista y pensar que todo se acaba. Si uno se ha preparado a conciencia para la situación que nos estresa, y ha dado su máximo nivel o está haciendo todo lo posible, tiene que tener la conciencia tranquila y utilizar alguna técnica de relajación. Pensar lo peor no es fallar o fracasar, le ocurre a todas las personas que tienen grandes retos, sino que hay que levantarse y continuar. Eso es lo importante. Unas veces se gana y otras se pierde pero siempre se aprende para mejorar.

Existe una fórmula muy simple para verificar qué dialogo interno tenemos y si es la sombra o la esencia quien quiere dominar nuestros pensamientos y emociones. Hay que valorar si lo que nos decimos y escuchamos «en nuestra cabeza» está impregnado de miedo, irritación, comodidad, desasosiego, bloqueo, soberbia, superioridad... o si, por el contrario, ese diálogo interno nos transmite aprendizaje, superación, retos, cariño, soluciones y energía. Lo primero ocurre cuando nos hablamos desde nuestra sombra, nuestro saboteador o nuestro ego; lo segundo es desde nuestra esencia, desde nuestra autenticidad.

Esa sombra que nos acompaña puede llegar a ser tan poderosa que incluso impide que no hagas lo que sabes hacer perfectamente. Hay muchos ejemplos, cuando has preparado bien un examen, una charla o un partido y luego el rendimiento no está a la altura de lo trabajado. En el deporte es muy habitual.

EJEMPLO PARA REFLEXIONAR
LAS EXCUSAS NO SON BUENAS COMPAÑERAS

En una ocasión estuve trabajando con un jugador de fútbol que había estado en varios equipos de Primera División y había fichado por uno de los grandes. Tenía unas condiciones técnicas excelentes y lo había demostrado en muchos partidos. Pero en determinados momentos, el hecho de no hacerlo bien o fallar, le estresaba hasta tal punto que se bloqueaba y le generaba mucha ansiedad. No era capaz de controlarlo y eso hacía que su rendimiento fuera de un extremo a otro. Había días que jugaba de forma espectacular y otros que parecía una sombra por el campo. Y nunca mejor dicho porque era su sombra quien estaba jugando, no era él en su esencia. Esos días me decía que sentía que no podía gestionar la situación porque el miedo a fallar, el estrés y la ansiedad que eso le producía, le dejaban sin recursos y energía para hacer lo que sabía. Se bloqueaba. También temía defraudar a las personas que le estaban viendo. La mayoría de las veces echaba la culpa de sus problemas a los demás: al entrenador que no confiaba en él, a la directiva o al presidente del club que no le trataban con cariño —recordaba que el presidente desde el día de la firma del contrato no le había dedicado más atención— o incluso a la afición que no le apoyaba y no le quería. Siempre había algún motivo externo y no era su responsabilidad. Era todo lo demás menos reconocer su estado emocional de estrés y ansiedad que tenía que trabajar y desarrollar. En este caso, siguió echando la culpa a todos menos a sí mismo y no progresó. Su ego le decía que no era él quien fallaba sino las personas a su alrededor que no le apoyaban lo suficiente. Su saboteador le decía que no era tan bueno, aunque destacara joven en Primera División. Las excusas no son buenas compañeras de viaje para mejorar. Dejamos el proceso de coaching porque no quería asumir su responsabilidad ni su autoexigencia. Siempre se escudaba en los demás. Así acabó perdiendo la confianza y se movía en una zona de confort donde no se exponía a los fallos. Posteriormente no continuó en ese equipo grande que le había fichado por una buena cantidad económica y estuvo «deambulando» por otros equipos de una forma discreta, sin demostrar sus grandes condiciones. Los miedos y el ego determinaron su vida.

En otras ocasiones los miedos pueden ser reales y, como apuntaba, tener cierto grado de miedo es bueno. Permiten ver los riesgos, los peligros, tomar precauciones y anticiparse a problemas. Enfocado así es responsabilidad. Aunque el hecho de que los miedos sean reales, o sólo posibles, no significa que debamos dejarnos arrastrar por ellos. Al contrario, debemos mantener más firmeza para tener claro cómo manejarlos. Tampoco es lo mismo un miedo físico que psicológico y, como hemos visto, cuando es algo relacionado con la supervivencia no hay que pensar mucho porque es el cerebro emocional el que toma el mando y nos hace actuar rápidamente. Sin embargo, los miedos psicológicos dependen de nuestra forma de percibirlos y afrontarlos. Por ejemplo, si una persona en el trabajo, o un entrenador, tiene miedo a que le despidan por cambios de su jefe o malos resultados, ese puede ser un miedo real... y ocurre. Ahora bien, a partir de ahí, desarrollar una secuencia psicológica en la que empiezas a pensar que no vales, que no vas a sobrevivir o a poder mantenerte o que no vas a volver a encontrar trabajo, eleva el nivel de ansiedad hasta cotas alarmantes. Desde ahí, las probabilidades de encontrar otra oportunidad son más reducidas porque uno no se siente bien, no puede ver muchas opciones que existen y no tiene la confianza necesaria para hacerlo. Y por supuesto no lo trasmite a los demás, luego muestra menos de lo que en realidad es.

Además de estas formas específicas de trabajar los miedos y el estrés a través de pensamientos, relajación, atención o visualización, existe un método —o antídoto universal— para afrontar estos temores y la ansiedad que producen. Se trata de la confianza.

LA CONFIANZA

La confianza neutraliza al saboteador y, bien gestionada, nos puede ayudar a que el ego juegue a nuestro favor. Sí, en efecto, una dosis de ego también es importante, siempre que el control de la dosificación lo tengamos nosotros y no ocurra de forma espontánea o inconsciente. Esto se ve claro en el deporte porque te hace crecer y rendir más allá de tus límites. También permite cumplir y sobrepasar las expectativas que tenemos, y tienen los demás sobre nosotros. Pero su utilidad acaba ahí. Cuando el ego te hace perder la humildad, creerte superior a los demás y no escuchar, entonces, en ese momento, se convierte en una sombra que te debilita y te lleva a cometer errores considerables. Por ese motivo, la confianza tiene que basarse en el esfuerzo y la preparación realizada en relación con determinado reto y objetivo. Esa es la confianza sana, real, no la que resulta fruto de fantasías ni producto del ego que nos hace creer que somos más que los demás.

Estas podrían ser algunas pautas para generar confianza y dar el espacio adecuado a los miedos:

– Centrarse en el trabajo y la preparación realizada para el tema o reto que nos ocupa, en todo lo hecho para superarlo, en los esfuerzos y días de mucho trabajo.

– Asentarse en el «Yo esencial», los valores, talentos y propósito que hemos tenido que trabajar previamente. Ahí, los miedos, sean reales o imaginarios, no tienen mucha facilidad para prosperar. Pasar los valores y talentos a primer plano. En la preparación de los Juegos Olímpicos con Carolina Marín, su entrenador, Fernando Rivas, identificó unos valores esenciales en la deportista que deberían guiar la preparación y servir de referencia en los momentos complicados. Estos fueron: calma, alegría y fuerza, porque definían la mejor versión de Carolina y, desde ahí, los miedos no tenían cabida. Se trataba de vivir esos valores, esos estados, para sentirse con confianza y fuerza absoluta.

– Recordar logros anteriores donde hemos conseguido resultados de los que nos sentimos satisfechos y orgullosos. También los pequeños avances de cada día según los objetivos marcados.

– Ver las ventajas y beneficios del objetivo al que nos enfrentamos y lo que puede significar de alegría y progreso en lugar de centrarnos en los problemas o fracasos. En muchas ocasiones los deportistas focalizan más en lo que pueden perder que en lo que pueden ganar y cuando eso ocurre no suelen tener éxito, o es más difícil conseguirlo.

– Repetir con frecuencia pensamientos y afirmaciones positivas. Se pueden escribir para ser leídas en distintos lugares de la casa o en el coche. Ahora ya sabemos que no es magia sino que esas repeticiones crean redes neuronales en el cerebro que favorecen el aprendizaje y el rendimiento.

Un buen ejemplo de los miedos y la confianza lo encontramos también en los entrenadores pues ellos tienen mucho tiempo de soledad y, cuando las cosas van mal, son el eje de las críticas. La labor del entrenador es muy desagradecida porque, salvo en muy contadas ocasiones, siempre se les acaba cesando. Sobre todo, en el fútbol. Bien sea por malos resultados o simplemente porque llega un directivo, es decir «un jefe», que tiene otras preferencias o ve que el entrenador no acepta todo lo que dice y ya no es de su confianza. Da igual el deporte o el país, he tenido la oportunidad de trabajar con entrenadores de distintas partes del mundo y la situación es la misma. Según mi experiencia, los entrenadores que obtienen mejores resultados, y se sienten más a gusto, son los que actúan con más confianza y valentía. Son aquellos que muestran y hacen valer sus ideas y toman las decisiones que consideran, no las que esperan de ellos. Se sienten fieles a su estilo y principios y arriesgan sabiendo que tiene un precio pero que siempre es mejor que ser presa de los miedos o de intereses y dejar de ser ellos mismos. Cuando actúan así, la confianza gobierna sus decisiones hasta el final y no se dejan guiar por el miedo y la angustia. Y además de obtener mejores resultados se sienten en equilibrio y coherencia con sus principios, lo que les deja la conciencia tranquila si les despiden y aparecen los fantasmas del fracaso. En esos casos, desdramatizan la idea de derrota por un contexto donde quizás no había la estabilidad suficiente, no se les dejó acabar su trabajo o nadie tuvo la paciencia necesaria. Así, asumirán su parte alícuota de fracaso como algo lógico en tanto que no se puede tener siempre éxito. El camino está lleno de triunfos pero también de derrotas. Si te van a despedir: no te centres en el fracaso sino en gestionar la situación, en aprender de la experiencia y que te afecte lo menos posible para buscar nuevas oportunidades.

EJEMPLO PARA REFLEXIONAR
DAR LUZ A SU SOMBRA

Recuerdo el caso de un entrenador de la liga de futbol de Japón que anteriormente había estado entrenando en Sudamérica, Oriente Próximo y otros países asiáticos. En el proceso de coaching me comentaba que su saboteador le decía que no iba a conseguir lo que se proponía, que los miedos podrían ser más grandes que sus deseos, que había mucha competencia y entrenadores mejores que él. Esa es la lucha entre el lobo bueno y el malo. A veces, también pensaba que no había sido valiente en desarrollar con los equipos lo que le hubiera gustado porque las dudas y los miedos le hacían adaptarse a lo más cómodo pues siempre parece lo más seguro. Error. Desde ahí no eres tú mismo, no estás en tu «Yo esencial» ni en tu «Yo soñado». Por ello, decidió volver a conectar con su mejor versión y actuar con el atrevimiento necesario para ser él mismo y desarrollar sus ideas como entrenador. A base de confiar en sus capacidades, se propuso retos que eran parte de sus sueños, siendo uno de los más importantes entrenar en Japón pues le atraía la cultura del país, lo veía positivo para su familia y le parecía que había seriedad en la forma de gestionar los clubes de futbol. Dejó atrás esos miedos para centrarse en un plan de acción que implicaba mejoras en los ámbitos donde consideraba que podía superarse como entrenador y como persona. Lo llevó a la práctica, de forma sistemática, centrándose en los objetivos en vez de en las dificultades. Buscó y creó oportunidades para entrenar donde se había propuesto y, finalmente, consiguió uno de sus sueños: entrenar en Japón.

Hoy lo está disfrutando. Las cosas le van bien porque ese resultado es fruto de su confianza, su trabajo sistemático y su esfuerzo. Esa preparación incluye actualizarse de forma continua, estar bien físicamente —cuidando el ejercicio y la alimentación—, practicar meditación y visualizar el futuro deseado tanto profesional como familiar. También sabe que llegará un momento en el que ese ciclo se agote y habrá que volver a empezar de nuevo pero mientras tanto, trata de prepararse y disfrutarlo. La confianza te permite crear nuevas oportunidades y ver el futuro como un reto continuo para el que hay que estar entrenado, y no percibirlo como una amenaza. Es un ejemplo más de cómo uno puede, desde la confianza, dar luz a su sombra y poner en su sitio al saboteador y al ego para que cada uno tenga su espacio donde no molesten, e incluso puedan colaborar. Esta situación la he experimentado con más jugadores y entrenadores que, hasta que no han desarrollado plena confianza en sí mismos y sus posibilidades, minimizando los miedos, no han logrado sus mejores cotas de progresión y éxito.

CAPÍTULO 10

En la cancha como en la vida

«Ahora sabes dónde está tu tesoro y cómo encontrarlo.
Es aquí donde empieza el partido de tu vida y el resultado depende de ti.
Dirige tu vida hacia donde apuntan tus sueños y no te quedes corto...
ya conoces el camino».

Llegamos al último capítulo, que no al final; todo lo contrario: supone el principio. En el deporte, el final no existe porque cuando se llega a una meta, a los dos días, comienza un reto nuevo. Lo ganado es un tiempo verbal pasado, y la energía y concentración se focalizan en el siguiente desafío. En la vida, como en la cancha, ocurre algo similar. Empieza una nueva etapa si aplicas lo que hemos evidenciado en estas páginas. Sólo así actuarás de una manera más consciente, convincente, eficaz y proactiva. Dirigirás tu vida hacia donde apuntan tus sueños en consonancia con tu esencia. Estás en condiciones de autogestionarte para vivir una existencia plena y con sentido. Percibes que desde, aquí, tu cambio y transformación son más reales. No temes los fracasos porque ahora son sólo otro peldaño más hacia el crecimiento. Dificultades que te hacen superarte para ser mejor y conseguir tus propósitos.

Experimentas la riqueza de las relaciones sin esperar nada a cambio, te das cuenta de que la relación es, en sí misma, grandeza. Te conoces lo suficiente para saber quién eres y quién podrías ser... si te lo propones.

En definitiva, este entrenamiento mental
te ha devuelto al origen, al principio,
pero sin ser la misma persona.
Eres alguien distinto. Has conectado con tu misión,
con tu propósito de vida y, en definitiva, con lo que te llena.
Te has conocido de verdad, por primera vez.

No sólo piensas en ti sino que te sientes bien, compartiendo con los demás y dejando este mundo mejor de cómo lo encontraste. Esa será una buena parte de tu legado: que tu huella sirva de ejemplo e influencia para muchas personas. Podría parecer una utopía pero, para quien sigue este sendero de entrenamiento mental y desarrollo, es la gran realidad. Ahí está el «Yo Realizado» en su esplendor y te preguntas cómo, siendo tan evidente el camino, no lo habías descubierto antes.

Aquí están las respuestas en los pasos más importantes que te han guiado a tu mejor versión. Aunque las hemos visto, las revisamos:

– Los 5 «Yoes» que te dan el esquema básico a seguir: Tu «Yo durmiente», cuando estás en modo automático y sin permiso para pilotar tu vida. Ahí eres vulnerable y voluble. Dependes de los demás, nunca de ti. El «Yo elemental», cuando tomas conciencia de lo básico pero estás en tu zona de confort; desde ahí no hay mucho crecimiento. El «Yo soñado», para apuntar hacia lo que te gustaría alcanzar, aunque te parezca irreal, no sabemos hacia dónde te conduce ni dónde están los límites. El deporte es buena muestra de ello. El «Yo esencial» es lo mejor que tienes, tu tesoro, tus talentos y valores, lo que te hace único y te da energía inagotable y gratuita porque está dentro de ti. ¡Qué pena sería pasar por esta vida sin vivirla desde el interior! Finalmente, el resultado de este trayecto de transitar con superación y éxito este camino te lleva al «Yo realizado», un estado de plenitud y bienestar donde no necesitas nada salvo compartir tu experiencia y aprendizaje con los demás, para que ellos también encuentren su camino y ayudes a construir en un mundo más sostenible, tanto de forma individual como colectiva.

– Después, hemos visto cómo puedes ser quien decide gestionar tus pensamientos para que jueguen a tu favor y no en tu contra. Manejarlos te potencia hacia tus objetivos y te evita mucho desgaste inútil.

– Una vez que somos conscientes de cómo funcionan los pensamientos y tenemos técnicas para potenciarlos, el siguiente paso nos ha llevado a gestionar las emociones, gobernarlas... y no que nos manejen ellas. Las emociones nos pueden dar energía si están dentro de un rango que podemos y debemos controlar.

– Profundizamos en la gestión de los pensamientos y las emociones para situaciones complicadas a través de la meditación y sus diferentes técnicas como la concentración, relajación y visualización. Ello nos permite conocernos mejor y tener más recursos en momentos en los que nuestro subconsciente llevaría la iniciativa si no estamos atentos.

– En este camino de desarrollo hacia nuestra mejor versión hay muchos obstáculos. Los principales son los miedos, el estrés y el ego. Hemos visto que con las técnicas anteriores podemos afrontarlos con muchas garantías de éxito y, sobre todo, sabremos convivir con ellos en tanto que cumplen su función. Todo lo que nos provocan no es necesariamente negativo.

La estrategia es muy clara. Cultivar el entrenamiento mental para descubrir tu tesoro interior y mostrar tu mejor versión; todo anida en ti. Como dice el seleccionador nacional de fútbol, Julen Lopetegui, en la frase de portada, «he comprobado que todos tenemos un gran tesoro y talento dentro que hay que descubrir y potenciar». Por tanto, es hora de romper tus límites y confiar en ti como si te fuera la vida en ello, porque, en realidad, te va la vida en ello. Es tu vida, tu presente y tu futuro. El rumbo que has de tomar también está despejado. Es el que dictan tus propósitos, tus sueños y tu corazón: tu «Yo realizado». Llegados a este punto sólo hace falta el compromiso, contigo y con los demás, para poner en práctica todo lo que has aprendido.

Los aprendizajes y ejemplos del deporte que hemos visto tienen un motivo intencionado: darte las pistas adecuadas para dirigir tu vida desde una actividad donde la exigencia y la presión lo complican más, pero se puede conseguir el reto. El éxito y el fracaso están a un palmo uno del otro. Es tu actitud, tu preparación y tu compromiso en aprovechar este conocimiento lo que va a marcar la diferencia; puedes decidir quién quieres ser o que lo hagan los demás. Parece suficientemente importante como para que eso dependa de ti. En el deporte, los aprendizajes nos enseñan muchas cosas porque son más rápidos, más evidentes, más precisos y con consecuencias más inmediatas.

EJEMPLO
CAROLINA, EN LA CANCHA COMO EN LA VIDA

Como hemos visto en estas páginas, Carolina Marín siempre nos da un gran ejemplo en el que reflejarnos. En su preparación para los Juegos Olímpicos de Río 2016, fijamos en el entrenamiento mental objetivos diarios de concentración y esfuerzo, incluyendo la identificación de pensamientos, emociones, consciencia de la actitud, postura corporal, mentalidad en momentos de agotamiento y estrés.

Se realizaba un entrenamiento tanto en la cancha como en la vida, en todas las actividades que Carolina hacía desde que se levantaba. Incluso esta información estaba por escrito y cada día tenía que leer esos objetivos y compromisos. Luego lo comentábamos. Esto hace que estés atento y focalices las metas, con lo cual la motivación y los resultados son más altos. Muy raramente aplicamos estos métodos en el trabajo o en la vida y, sin embargo, son los que producen resultados de forma más rápida y sostenible. Realizamos un seguimiento continuo con medición de los avances para corregir o impulsar el esfuerzo, el compromiso y la motivación. Ya sabemos que medición es evolución. Lo que no se mide, difícilmente mejora. Lo que observas y tienes en mente se afina y se supera con atención continua y consciencia.

Usando estas metodologías, podemos mejorar mucho nuestro rendimiento en cualquier faceta, sólo es cuestión de planteamiento, estrategia, consciencia y seguimiento. Sin embargo fuera del deporte es habitual pensar que hay mucho tiempo para obtener cambios y resultados. Esto se vuelve en nuestra contra porque no hay el compromiso suficiente ni la exigencia adecuada pues las mediciones de los progresos son más laxas o se dilatan. Si en vez de objetivos anuales los tuviéramos mensuales, incluso semanales o diarios, pero no impuestos por nadie sino por nosotros mismos para superarnos, nuestro rendimiento sería mucho más elevado. Además, aprenderíamos más y progresaríamos con mayor rapidez. Lo mismo pasaría con otras facetas como el trabajo en equipo. En el deporte tiene que ser en tiempo real y si no las consecuencias son inmediatas, mientras que en el mundo laboral es un concepto que todos entienden pero que muy pocos aplican de verdad porque parece que basta con juntarse para poner en común lo que ha hecho cada uno. Pero no hay sinergias ni enriquecimiento de una verdadera labor en equipo. Incluso en muchas ocasiones ni ese trabajo en equipo se reparte, alguno acaba haciendo su parte y la de otros. Esto en el deporte sería impensable y traería consecuencias muy negativas. Puedes ayudar a otro, pero partiendo de que la persona cumple su parte o hace todo lo posible para ello. En el deporte cada uno tiene su rol, se acepta y se complementa con otros, es necesario que sea así para un buen trabajo en equipo y de alto rendimiento. En la vida o en el entorno laboral, lejos de eso, lo habitual es que todo el círculo de trabajo quiera ser protagonista, sin considerar que ya lo son si cumplen su parte. No se aceptan con tanta facilidad los roles pues a todos les gusta el papel principal aunque no estén capacitados para ello.

EJEMPLO
TRABAJO EN EQUIPO DE ALTO RENDIMIENTO

Un ejemplo de un excelente trabajo en equipo lo pude comprobar con la Selección Española de Hockey Hierba en la preparación para las Olimpiadas de Londres 2012. Era una generación de jugadores destacados a nivel mundial, y algunos jugaban en ligas europeas. Esas sinergias, ese compañerismo, la humildad de esos jugadores, nos da muestras del camino del auténtico trabajo en equipo.

Lo resume perfectamente el testimonio que me facilitó el capitán de la selección española Santi Freixa Escudé que participó en tres olimpiadas: «El trabajo de coaching para la Selección Española de Hockey Hierba fue una gran sorpresa que pudimos transmitir dentro del campo. La intervención de coaching supuso una transformación personal y colectiva que nos llevó a disfrutar, competir y entrenar como no lo habíamos hecho antes. Generamos un ambiente de confianza que permitía que cada individuo se siéntese valorado por el grupo y su rendimiento llegase al máximo. Talento convertido en acción y equipo transformado en equipazo».

La importancia de los roles en el equipo y de la contribución de cada uno lo refleja muy bien este ejemplo de cómo Julen Lopetegui, en su etapa de entrenador del Oporto, enfocó la charla previa al partido de Champions contra el Bayern de Múnich. Dió las gracias en primer lugar a los jugadores que no iban a jugar el partido o incluso que no estarían ni en el banquillo porque gracias a ellos los otros que salían al campo podían competir bien, porque habían elevado el nivel de los entrenamientos y la exigencia necesaria para que los que jugaran pudieran rendir al máximo.

Todas las personas son protagonistas dentro de un equipo de alto rendimiento aunque tengan labores menos vistosas. Pero como decía Julen son igual de importantes para el resultado final. Se dice que una cadena es tan fuerte como el más débil de sus componentes, luego todos los eslabones son cruciales.

Los deportistas están en la mirada de muchas personas y la presión y el ambiente hacen que las emociones estén a flor de piel. Pero, en esas circunstancias, con el entrenamiento adecuado son capaces de manejarlas, lo que nos debe servir de ejemplo y aliciente.

Sin embargo en la vida y en la empresa, sin tanta presión, en situaciones cotidianas donde la tensión es simplemente que uno tiene un mal día, me encuentro en las sesiones de coaching con personas que reciben un *Feedback 360º* donde les dicen que no se autocontrolan o que, incluso, gritan y faltan al respeto a los demás. ¿Cómo es que esto lo pueden manejar los deportistas y entrenadores bajo mucha presión y no lo hacen las personas en una vida más tranquila? Si el motivo es porque te observan o porque te ven, la respuesta es que se puede gestionar al igual que ocurre en el deporte. Me decía un cliente que, cuando se veía a solas con su jefe, le gritaba e insultaba. Comentamos el asunto y el plan de acción fue no tolerarlo y abandonar el lugar para no permitir ese trato; evitar las reuniones a solas para que hubiera testigos de esa falta de respeto.

Preparados para ganar y para perder. El éxito no sólo se mide en medallas

Y al igual que están acostumbrados los deportistas y entrenadores a relativizar el éxito y el fracaso, otro aprendizaje que podemos extraer de ellos es que no hay que pensar tanto en esos términos sino en la superación continua; en seguir buscando nuevos objetivos. El éxito o el fracaso en el deporte, dura... hasta la siguiente competición, el siguiente partido. Por ello, no puedes perder tiempo en lo que ha pasado y sí prepararte para el siguiente evento. En el trabajo y en la vida, eso nos ayudaría a fijar objetivos más precisos y un plan mejor detallado. Hay tantas ocasiones para demostrar lo que vales, tanto en la cancha como en la vida, que no te puedes quedar con la derrota o la victoria de un día. Hay que seguir trabajando, levantarte si te caes... porque no hay más remedio que seguir haciendo las cosas bien. El pasado ya no cuenta.

Objetivos «SMART» o «REMATA»

Pero para llegar a esos resultados, los objetivos tienen que cumplir unos requisitos, unas pautas y unas estructuras para que sean medibles... al menos en los procesos de coaching y desarrollo. Uno de los más conocidos es el que define el acrónimo inglés SMART, mencionado por John Whitmore en su libro *Coaching*. Eso se refiere a que los objetivos tienen que ser específicos («specific» en inglés), medibles, acordados, realistas y temporales; acotados en el tiempo. Aunque estas pautas pueden dar una buena orientación a las personas que empiezan a trabajar en la definición de objetivos, hay que tener en cuenta que no se aplican de forma general pues depende del estilo de aprendizaje de la persona y otros factores. A mí, desde la experiencia, me gusta un enfoque mucho más abierto en el que es la persona quien decide qué aspectos van mejor según su estilo de aprendizaje, de liderazgo y de estructura mental para plantear unos retos más acordes a sus necesidades. Dentro de ese esquema he desarrollado una estructura orientativa un tanto más flexible, en tanto que se adapta a la persona y es variable. Por ejemplo, que el objetivo sea alcanzable es relativo. No es algo meramente racional y lógico... en tal caso, ¿quién le iba a decir a Bill Gates o Steve Jobs cuándo pensaban transformar la comunicación mundial que no era ni alcanzable ni realista? ¿Quién lo decide? Sólo la osadía y la valentía. Se parece al ejemplo que mencionábamos del futbolista Michu cuando no era titular en el Celta de Vigo y soñaba con jugar en la liga inglesa y en la Selección Española de Fútbol. ¿Quién le dice que ese no es un sueño real, pero que Apple o Microsoft sí pueden lograr el suyo? Además, este plan que he ampliado en base a estas experiencias, incluye un aspecto fundamental que no se contempla en ningún otro modelo: que los objetivos y acciones deben ser, sobre todo, apetecibles y atractivos, y eso requiere ciertas dosis de creatividad. Desde ahí se estimula el interés de la persona y las ganas de comprometerse en alcanzar los objetivos. Hace años que utilizo en la definición de objetivos y plan de acción una estructura a medida de cada persona, siempre con el acrónimo REMATA que se traduce así:

Resonante
Específico
Medible
Alcanzable
Temporal
Apetecible y atractivo

La clave radica en la última letra. Si el objetivo y las acciones no son apetecibles y atractivos, es probable que las personas desistan después de unos intentos. No hay la motivación suficiente para repetir las tareas y, por tanto, no se producen las conexiones neuronales necesarias para integrar el cambio ni los nuevos aprendizajes. Por eso, lo más importante sería esta parte. Los deportistas y entrenadores suelen ser más dinámicos a la hora de poner en práctica un plan de acción de este tipo; necesitan que haya más flexibilidad y creatividad, que sea atractivo para mantenerlo en el tiempo. Sin embargo, en el entorno laboral y, sobre todo, en las personas de perfil más técnico, se sienten más cómodos con un modelo de plan de acción altamente estructurado y acotado. Por eso el entorno deportivo crea una exigencia mucho mayor. Tienes que tener una estructura pero, también: flexibilidad, dinamismo y creatividad.

¿TE ATREVES A JUGAR EL PARTIDO DE TU VIDA?

Según mi experiencia y conocimiento de los deportistas, sobre todo de alto nivel, lo que ellos viven en un año puede ser equivalente a lo que vive una persona con una actividad o trabajo normal en cinco años. En ocasiones, podría asemejarse a los antiguos gladiadores del circo romano donde se jugaban la vida en luchas feroces ante un público enfervorecido. Miles de personas gritándoles —o millones, si es a través de la televisión pues aunque no les vean sí les escuchan en su cabeza—, están ahí metidos en su cerebro luchando con las neuronas y compitiendo con ellos como vimos con el saboteador. Y luego no desaparecen; no ha sido un espejismo. Cuando sales a la calle te lo recuerdan a cada paso. Si han ido bien las cosas, estás de suerte porque te agobia el público, ese que parecía invisible o que sólo estaba en la televisión pero que también está en la mente. Te pedirán fotos o autógrafos aunque no respetarán tu intimidad... Pero si las cosas no han ido bien: te insultan, te humillan. Conozco muchos casos de deportistas y entrenadores con los que trabajo, sobre todo en fútbol, que si pierden determinados partidos en momentos delicados, no pueden salir a la calle esa semana. Porque si van con sus hijos al parque o con su pareja a una cafetería les lanzan improperios. Algunos me han confesado que se les quitaban las ganas de jugar o de entrenar y que esa situación se estaba convirtiendo en una tortura. Ni siquiera el dinero que ganaban compensaba semejante presión y «linchamiento»; creo que tienen toda la razón. El dinero no paga que tu vida esté en manos de los demás, ni que te puedan decir cuándo puedes salir de tu casa y cuándo no. Las personas que están a cierto nivel deportivo están construidas de otra madera, por ello saben gestionar muchos conflictos. No se juegan la vida como los gladiadores romanos pero sí su orden mental y emocional; sí se tambalea su imagen pública, su autoestima, su valía en función del dictamen de los demás. Con ellos lidian cotidianamente.

Por ese motivo, también hay que tener en cuenta estos aspectos a la hora de criticar su comportamiento, lo que ganan o su rendimiento. Habría que pensar qué haríamos el resto de las personas si en nuestro trabajo nos observaran y criticaran miles de personas. Imagina cómo sería tu vida si haces algo mal en tu trabajo y esa semana te tienes que esconder porque te pueden insultar en el supermercado. Si los deportistas son capaces de gestionar ese estrés, esas emociones y pensamientos en semejantes situaciones de máxima tensión, los demás deberíamos confiar en hacerlo en los retos que nos ofrece la vida cotidiana. Como me decía la campeona olímpica de vela, Ángela Pumariega, a la hora de trabajar estos aspectos: «En el deporte de alto rendimiento las diferencias técnicas entre los deportistas son mínimas, para mí es en el aspecto mental donde se marcan las diferencias». Lo mismo ocurre en la vida. Lo que marca la diferencia no es tu conocimiento, eso se puede copiar y replicar. La técnica ya hemos visto que, sin entrenamiento y mentalidad, tampoco sirve. Es la calidad de tu esfuerzo, de tus pensamientos, emociones y relaciones. Ese es el sello único de cada persona. Tu sello. Y eso se consigue con el entrenamiento mental adecuado que te permite desarrollar tus talentos e inteligencia emocional. Y eso es el liderazgo, tanto el propio como el de otros. Uno no es líder por lo que sabe o su experiencia, eso se da por supuesto al ocupar un cargo y se aprende. Lo es por lo que consigue en base a su capacidad y superación. Al ser coherente y constante, al relacionarse bien, al conectar emocionalmente con los demás y al cuidar unos valores entre los que destacan la honestidad y el respeto. Eso no se aprende con la experiencia sino con la preparación y superación, que es distinto. En el entrenamiento mental hemos explicado cómo cultivar estos aspectos o no habrá un progreso verdadero y sostenible. Menos aún, un legado, que es lo que debería quedar por encima de todo. Esa es la comprobación auténtica de si tu paso por las diferentes etapas y personas que se cruzan en tu vida ha dejado una marca positiva, si has logrado trascender más allá de tu propio interés. Ese es el «Yo Realizado», la plenitud, conexión y esencia de la vida.

Ahora empieza tu juego, tu partido, tu carrera hacia el éxito... que ya sabemos que estará llena de victorias y derrotas, pero que ni unas ni las otras son definitivas. Unos días ganas y otros pierdes pero siempre puedes aprender para seguir avanzando. Así, las derrotas no son tales, sólo obstáculos en el camino para superarte y llegar a tu mejor versión. Y las victorias... son el ejemplo de un gran trabajo, no de un regalo. En una vida de superación no existen regalos sino méritos. Eso es lo que consigues con el entrenamiento mental: merecer ser quien eres y lograr lo mejor porque lo has trabajado con ahínco.

Ahora te toca jugar a ti, empieza el partido de tu vida, ¿lo vas a ganar? En gran medida depende de ti. Recuerda el lema que teníamos en las camisetas en la preparación de Carolina Marín para los Juegos Olímpicos de Río 2106: «Puedo porque pienso que puedo». Ánimo, que no es lo mismo que suerte. La suerte es para los que no saben lo suficiente y la necesitan, tú ya sabes... ya conoces el camino y sólo te queda comprometerte y poner en práctica todo lo que hemos expuesto para alcanzar tus éxitos. ¡Vamos!

Si quieres dejar algun comentario sobre el libro
u obtener más información sobre estos temas
puedes consultar la pagina web: *www.juancarloscampillo.com*
o escribir a la dirección: *juancampillo@gmail.com*